妹尾留衣

無限の愛

Clover
クローバー出版

Spread the effect of grace of Thy Flame of Love over all of humanity…

あなたの愛の炎の恵みをすべての生きとし生けるものへと広げていこう

謝辞

この本の出版を許可してくれた小川会長
さらっと愛のある指導をしてくださった編集の小田さん
天使のように私をサポートしてくれた鍵さん
インスピレーションを与えてくれたRさん
私を導いてくれたOSHO
支え続けてくれた家族
私の恋愛に関わったすべての男性達
出逢ってくれたすべての人、いつも応援してくださっている読者の皆さま
そしてこの本を手にとってくれたすべての人に心からありがとう！

この本を読んだ誰かのハートに「真実の愛」がもたらされますように……
真実の愛に包まれた一人がすべてを愛として感じられますように……
その灯火が世界を包みますように……

無限の愛

はじめに

この本は無意味な本です。意味のない本。

「体験すること」と「知ること」は本質的に異なっている。

それを念頭におくことによって、あなたに**自分を信頼する力**が宿る。

だから、体験と知識を入れることとは本質的に異なっているということを理解した上で、この本を読んで欲しい。

これを読むことで何かの助けにはなるかもしれないが、愛について、人は体験と体感のみでしか理解できない。

私たちは「体験」するためにここにいる。

問題から逃れたくてここにいる人はいない。体験をしたい。

だから言葉で伝えることなど、最初から無意味だ。

だからこの本はあなたにとって無意味な本です。

その無意味な本を手に取ったあなたに、その行動に、すでに宇宙の完璧な計画が宿っている。

あなたは、宇宙の一部なのだから。

「地上に降り立った光の戦士よ。この地上における**恋愛という闇**を一掃するのだ。真実の愛をもたらすのだ。

真実の愛において、痛みはないことを、痛みを以てその肉体を通して証すのだ」

「おお神よ。その智慧を、私の肉体を通して、この命を通して、授けてください。

私はあなたの使いとなります。あなたにすべてを明け渡します。

この身に何が起ころうとも、あなたに明け渡します。

なぜならば、あなたは、愛そのものだから」

「勇者よ。己れの内側の光と闇を使いなさい。

それがあなたの命の地図となるのだ。

光のみが真実である。**闇は幻想であることを、忘れてはならない。**

ただ一瞬たりともだ。気づいていなさい。一瞬一瞬、気づいていなさい」

「おお神よ。己れの内側の光と闇が、あなたからの愛のメッセージ。

すべてをあなたに明け渡します。

どんな体験も、あなたからの祝福です。

私を管として、あなたの願いを、通してください」

この本を手に取った勇者達よ。この本には宇宙のエネルギーが宿っています。あなたの意識によって受け取り方が変わります。あなたがこの本を通して光に導かれるために、この真言を唱えなさい。

Om
オーム
Asato ma sat gamaya
アサトーマーサッドガマヤー
Tamaso ma jyotir gamaya
タマソーマージョーティルガマヤー
Mrityor ma amritam gamayaa
ムリトョールマーアムリタンガマヤー

【マントラ日本語訳】
偽りから真実へ、暗闇から光明へ
滅びゆくものから不滅のものへ
どうか私をお導きください。

このお話はフィクションです。
そしてこの世界もまたあなたの意識が創造したフィクションなのです。

妹尾留衣

目次

1 私の秘密

私は北インドのリシュケシュにあるクリスタルショップを営む夫婦の間に産まれた。ドュニという名前の商店には様々な客がやって来た。腕にリストカットの傷跡だらけの路上シンガー少女や、息子が金を盗んだことが恥ずかしくて外出できなくなったお金持ちの夫人がやって来たり、ヒッピーの格好をした弁護士が夫と別れたくないと店内で泣き叫ぶのをなだめたり、あらゆる人がやって来ては、母は無料で相談に乗っていた。

その姿を見ていたからか、私も人の病気を治せるほどのカウンセラーとしてアメリカで活躍することができた。カウンセラー業界での評価は高かった。もちろん、専門的な大学を卒業しカウンセラーになったのでたくさんの専門的な知識を持っていたが、実は、私には秘密があった。

私が産まれて間もなく、私の意識の内側にスピリチュアルな「案内人」が入ってきた。「案内人」と私は一つで分離がなかった。「案内人」は時々、私の意識の中に現れて人生を導いてくれた。この「案内人」が相談に来た相手をどのように導けば良いか教えてくれた。そして、人生におけるスピリチュアルな旅を案内してくれた。「案内人」がいることを何度か母に話したが、信じてはもらえなかった。

母は私が21歳の時に死んだ。何かの宗教団体の活動に参加したまま蒸発したのだ。母は1通の手紙と緑色に鈍く光るペンダントを残して家族の元を去っていった。その手紙にはこう書いてあった。

「真実の愛を探しなさい。その愛によって完結へと向かうから」

宗教団体で死んだ母の言葉を信じることはできなかった。ただ、「真実の愛」という美しい響きと、「完結」という甘美な表現に魅力を感じなかったわけではない。そんな神話があってもいいなと思いながらも、その手紙と緑色のペンダントを、私の中にしまい込んでしまった。

2 億万長者との出逢い

その紳士とは、お互いに何の理由もなく会う約束をした。私は彼に誘われて会いに行ったし、彼は私に誘われて会いに来たと思っているくらい、会うことに理由がなく、ただ会うことになった。

彼はイギリス紳士のような帽子をかぶって、町のビジネスマンの中に紛れて座っていた。近づくと、彼はスーツではなく、僧侶のような服を身に纏《まと》っていた。

「遅くなって申し訳ございません」私がそういうと、笑顔で握手してくれた。

「全然問題ありませんよ。遅いってほんの数分でしょ？」彼はそう言ってカフェへと向かう。

「今日、お仕事はお休みですか？」

「あー、俺働いてない」


働いていない、というのがどういう状況なのか深くは聞かずに、働いていない＝無職＝仕事がない人というのをイメージしていた。でもその背中は仕事がない不安を背負っている感じはなく、すべてを終えたような達成感に満ちていた。でも、どこか哀しげで疲れているような孤独さを感じる背中だった。

初対面の彼と会うことになったのは、数日前だった。彼がFacebook

をやめるという投稿を目にし、私から「お元気で！」と、コメントしたところ、「会いましょう」とメッセージをもらい、会うことになったのだ。彼とはSNSのみの繋がりで、彼が何をしてきた人かなど、全く知らなかった。普段は、全く知らないまま人と会うことなどほとんどしないのだが、なぜか、その時はそう返事をし、彼と会うことになった。

「あなたの投稿している内容200パーセント共感しますよ！」そう言って、私を見つめることを避けながら手が震えているのを隠しているようだった。手が震えて唇が震えて全身が震えるのを必死に隠しているようだった。そして、早口で色々なことを教えてくれた。

彼は元CEOで、「働かなくても生きていける人」だった。運転手付きの車に乗っていて、贅沢ばかりしていた話や、今はそういうのを一切やめて、最近は古びた洋服にしている話、それでもエルメスだと思われてしまう話。億万長者になって長者番付に名前がランクインした話。色々やったあとに発展途上国に学校を建てたりした話。今は寺をやろうとしている話。僧侶になるための修行をしているんだけど終わらないっていう話など、本当に間髪なく話してくれた。

3 彼の中の不安

しかし、彼の中にはいつも「不安と哀しみ」があるように見えた。なんだかそれは「私のもの」のように見えた。私がずっと抱えていた「不安と哀しみ」に似た香りがした。不眠症だと言うので、「助けますよ」と言うと、彼は失笑しながら「お願いします」と言い、しばらく黙っていた。私はカウンセラーだったので不眠症を簡単に治してきた。

しかし、彼は私のセッションは受けないと断言した。「そういうのは苦手でね」

それでも、彼の中にある不安が私の身体まで伝わってきた。深くて孤独で冷たい闇のようなもの……彼のそれを私が癒すことになると直感した。

4 「案内人」の忠告

彼に出逢う前日に「案内人」はこう言った。

「彼は人を愛することを恐れています。彼を助けることができるのはあなたしかいません。ただし、彼を救うことはとても危険です。気をつけて取り組みなさい」

危険とは何のことなのだろう……。「案内人」はいつも一方的なメッセージしか与えてくれなかった。質問には答えてはくれない。

私はいつも「案内人」の忠告を聞かなかった。なぜならば、「案内人」は内側に確かなメッセージを与えてはくれるが、「案内人」を肉眼で見ることがなかったし、「案内人」の言葉をメッセージとして受け取っていいのか妄想なのか決められなかったからだ。目に見えないことを信じるなど、精神的な病気だと思い込んでいた。そして、それが社会人として「まとも」なのだと信じ込んでいた。

しかし、彼を目の前にして、「案内人」の忠告は本当だと思った。彼の不安は底のない海のような深さがあった。そんな彼を助けることができるのは私くらいだろうと感じた。

5 紳士の過去

彼に「昨日、あなたは愛する人を愛する恐怖に怯えているということを感じましたが、そうですか?」と尋ねると、彼は驚いた表情を見せ「凄いですね」と言った。

「一体どうしてそんなに苦しんでいるのですか?」と聞くと
「私は悪魔なんですよ。人を生きたまま殺してしまう」
「悪魔な人なんていませんよ」と笑うと
「本当に悪魔なんです」とうなだれた。

テーブルの上にあった彼の手を握るとある映像が私の中に流れてきた。

「愛した女性が自殺した?」

そう聞くと目に涙を浮かべて「殺しました」と答えた。

不倫相手が妊娠したままクリスマスの日に服毒自殺をしたという……。

その女性に私が似ていると彼は言った。彼は死んだ彼女をずっと探していたし、彼女はどこにもいない彼女を探して、欲して枯渇していた。……。どこにもいないようにも見えた。潤うことのない喉の渇きをずっと抱えながら生きていたようだった。自分の内側に愛する人が確かに存在するのに、外側にその人と会う手段はない。それでも沸き起こる性と生への衝動……。自分を責めながらも、彼は死を選ぶこともできずに苦しんでいた。

自分が喜びを感じるたびに、喜ぶことを責めながら、自分を幸せにすることを責めながら、自らへの性と生への衝動を殺しながら、誰よりも愛を欲していた。

彼のとてつもない哀しみの理由はそこにあったのかもしれない。

6 一瞬で眠くなる

カフェを出て、ガンジス川を見に行くことにした。すごく近いのにタクシーに乗るのは金持ちの習慣なのだろうか……。理由はわからないが、彼はタクシーを呼ぶと言って、人混みの多い道路の赤信号を無視して、道路のほぼ真ん中くらいまで出てタクシーを止めに行った。

1台もタクシーが通らないので、タクシー乗り場なんて当然ない場所だった。彼はその道に出ていって手をあげて、その手が磁石であるかのようにタクシーを吸い寄せた。そして、自分の想像するものはすぐに手に入るのであると確信しているかのようだった。当たり前の出来事のように、タクシーは彼の前で止まった。彼は、すべての現実化は、自分のものだと当たり前に体感しているようだった。

タクシーに乗り込むと少しお互い沈黙し、二人の間にとてつもない安心感があるのを感じた。私はこのとてつもない安心感がなんなのか知りたくて、彼に聞いてみた。

「一緒にいると安心するって言われます?」

「いいえ。あなたは言われるんですか?」

「言われません」と答えると、彼は驚いた表情をして少し困惑し、こう言った。

「凄い安心する」

一緒にいるだけで光に包まれているような安心感があった。とても神聖で安らげる感覚だった。

彼はタクシーに乗っている間中、運転手さんの道順がわざと迂回したりしていないか確認していた。彼は世界のすべてを疑っていた。自分を取り巻くすべてを疑っていた。世界に騙されたりしないか、世界に自分を傷つけられたりしないか、身体を固めていた。

そんな彼にこう提案した。「もっと背中を背もたれにゆったり委ねてみたらどうですか？　もっと運転手さんを信頼したら？」と言うと、彼は「うるさいな」と言わんばかりの視線を向けた。

どうしたらこの人の胸の大きな不安を埋められるのか「案内人」に

聞くと、胸の真ん中に穴があることを教えてくれた。私は彼の胸に手を当ててその穴を埋めようとした。彼にそれを伝えると「埋まりませんよ。生まれつきです」と言った。彼は心房中隔欠損症だった。

彼のハートは埋まることのない穴を持って産まれていた。その穴を埋めようとしても埋まらなかった。

それでも懸命に手を当てていると、彼の身体の力が抜けた。

その瞬間、私も眠りに落ちた。それはまるで催眠術のようだった。突如として私は眠り込んだ。深い眠り。底なしの宇宙にそのまま沈んでいくようなとてつもない安心感だった。

7 彼は幸せなのか

彼はすべての現実創造の力を確信し、様々な物質を自由に手に入れていた。大きな家、クルーザー、美しい女性達、いつでも好きなところへ行ける時間とお金……。そのすべてを持っていた。それなのに、とても苦しそうだった。

彼は誰がどう見ても容姿端麗。いわゆる、イケメンだった。49歳とは思えないスタイルの良さと容姿をしていて、歩くととても目立っていた。行動も大胆で、向かうところ敵なしで、その佇まいは品性が溢れていて経営者というようなオーラを纏っていた。

そんな彼のふとした瞬間にはいつも「恐怖と不安」があるように見えた。完全さと不完全さを両方持ち合わせた人だと感じた。

彼は100億以上のお金を稼いだという。素直じゃなくて、超素直な彼はとても人間らしく、とても純粋な心の持ち主だった。

彼は「すべての人間を疑っている」と言った。「自分の妻も子供も。誰も信用できない」と言った。100億以上のお金を稼いだおかげで騙されたことがあったそうだ。もちろん、嫉妬もされただろう。お金目当てで近づく女性もいただろう。お金をちらつかせれば女性が付いてくることも知っていたのだろう。

お金で自分も変化し、周りも変わっただろう。その中で、人を信じることをやめなければならない体験をしたのかもしれない。

「お金ですべてが買えますか？」と聞くと、彼は「お金で大体のことは買えるよ」と小さな声で言って下を向いた。

出逢って数時間もしないうちに「投資しましょうか?」と言った。この人は私を試していると直感した。「借金していませんか?」と言うと、「あたりですよ」とうつむいた。「なんとなく感じました」と言うと驚いた表情をしていた。100億以上を稼いだあとにそこから自己破産に追い込まれたという人生に、彼は人を信じることができないという後遺症を負っていた。

ただ、私はこう感じていた。彼は自己破産する時に、人を信じる力を取り戻すだろう。そして、お金では買えなかった心の豊かさを持って、また真の経営者として立ち上がるのだろう。と……。

でも彼はまだそのステージにはいなかった。ただ苦しそうにしていて、その先をただ不安に思っている様子だった。「お金って、成功って、手放すために得るんだと思うんですけど、どう思いますか?」と、聞くと、
「その質問に簡単には答えられないね」と言って涙を浮かべた。

8 働かない世界の住人

カレー屋に入るとすぐに注文。店員が注文を間違えると、彼は店員を睨みつけた。その彼の行動を見て「そんな大きな会社の社長さんなのに器が小さいんですね」と笑うと彼も笑った。

彼はお寺を建てたいのだという。

彼は、こう言った。働かないって世界を創りたい。働かなくていいってことをみんなに教えてあげたいんだと言った。

彼は8年前に「働く」のを一切やめたそうだ。それ以降、一切働いていないと言う。それでもちゃんと必要なお金は必要なだけ入ってくるのだと……。「それでも試されるよ。覚悟を」彼はそう言った。彼は今ここにある自分の感覚を完全に信頼して行動しているようだった。

自分の感覚に何一つ嘘をつかないでいるという、生きる覚悟をした人のように見えた。

9 すべてを手に入れた男性の深い孤独

この世界にはたくさんのビジネスルールがあるが、私は「そういうのに従いたくない！」と言った。「わかるよ」と彼は言った。私は「そんなルールがあるなら、壊したいです。もっと自由に生きられる社会になって欲しいんです」と言った。彼は頷いた。

彼はたくさんのお金を稼ぎ、たくさんのプレッシャーを超えてきた。そして、たくさんの人を守ってきていた。

おそらく世間の人々はこういった成功者の言葉を信頼するだろう。彼をまるで完璧な人として崇めるだろう。そんな彼は不安障害と睡眠障害に悩まされていた。彼は何かにとても怯えていた。強い自殺願望と強い死への恐怖を同時に抱えていた。

それはまるで過去の私に似ていて、どうにかこの人を救いたいという衝動に駆られた。彼の胸の中には、深い喪失感と哀しみがあった。彼の生の響きは哀しみと共鳴しているかのように見えた。そこに、妖艶さがあった。

深い絶望と哀しみと怒りを体験した者……。人生を生き抜いた者にしか醸し出せない妖艶さと生の深さがあった。性の深さと生の深さは等しいのだと感じた。

この「働く社会」の中で大成功を収めた彼はちっとも幸せそうに見えなかった。スーツ1着に50万以上のお金をかけていたことを「バカらしいことをしていた」と話した。彼は今愛を語りたいという。そして宇宙と愛の真理を探究しているという。運転手付きの生活から、寺での修行に移行をしている最中だという。本当に彼は極端で面白い人だった。イケメンかつ容姿端麗だったため、女性にモテて苦労したという。愛した女性に刺されたり、車ごと崖から落ちたりしたこともあるという。女性が最も偉大で、女性が最も怖いと言っていた。

彼は男性の憧れるすべてを叶えている人生だったと思う。「社会的成功」「綺麗な女性にモテること」などなど……。でも彼は決して幸せではなかった。不安で死にたくて苦しんでいた。

そして働かない世界を創造したいという。

彼は働くのを一切やめた理由を特に強くは覚えてないと言う。ただやめると決めて、覚悟して実行したという……。

彼は何もしないでも、持っている財産を誰かにあげても、必ず自分にはお金が入ってくるという確信があるという。働いたり、無理したりするのではなく、逆に、働かなくなるとお金が入ってくるのだと悟ったのだという。彼は、何も決めずに、予定表のない人生を、ただただ歩んでいた。

ただ生きて、ただすべてにイエスと言っていた。すべてを受け容れ、すべてを愛していた。

10 すべてを信頼する生き方

この話を聞いて、私もやりたくないことはやらないことを実践することにした。まずやりたくない仕事をすべてキャンセルした。すでに予定していた仕事をキャンセルした。「働く」という感覚のあるものをすべて捨て去った。捨て去る時に、こういう確信があった。手放した分だけ入ってくるのだと……。

理由も根拠もないのだけれど、とにかく、「信じる」ことにした。宇宙の大いなる力を一切の疑いも恐れも持たずに信頼することにした。必要なことが起きるのだと……。そして、身の周りにある「保証」を求めて存在させるものは全部捨てた。取り立てて、大掃除をしたり、断捨離をしたりするということではなくて、日々の生活の中で、何か「保証」を求めて存在させるものは捨てた。「これがなかったらあとから困るかなあ」とか「いつか必要になるかもしれない」みたいな感覚のものは捨てた。「必要なら手に入る」そう決めた。本当に必要なもの以外は手放そうと決めた。信頼だけで世界を創ると決めたのだ。

多くの人が保証を求めて働くのではないだろうか。多くの人が保証を求めて結婚という契約をしたり、付き合うという約束をするのではないだろうか。生活の保障、家族のため、将来のため、将来の家族のため……など。何かを守りたい、もしくは、何かを失うことを恐れながら、生きている……。それを一切やめることにした。

それをやめて、信頼から創造される世界に身を委ねることにしたのだ。

創造したい世界が必ず実現するのであろう……。そのために必要なことが、私が想像もしない形で創造されていく。

本当の自己信頼とは、自分を信じることではない。私たちは本当の意味では何も知らない。神のみぞ知る……ということを深く理解した時、強い自己信頼に抱かれ、どんな出来事の中にも強い安心感と安らぎを感じることができるようになる。神・宇宙・創造主を完全に信頼した時、完全に明け渡すことができるようになるのだ。どんな出来事にも、安心と信頼を持って明け渡すことができる。

この時、私のエネルギーの中で、愛が恐れより勝ち、愛が恐れより強いことを証明するために、「奇跡」は起きるのだ。すべてが幻想であるこの世界には、お金は「銀行」にあるのではなく、恐れを超えた「信頼」にあるのだ。すると、あらゆる「見て見ぬ振りしていたもの」が見えてくる。本当に大切にしたいこと、本当に大切にしたいもの……。本当に大切にしたい人、そういうのが姿を現してくる……。

その時、問われる。今の人生で本当にいいのか？　と。明日死んでも悔いがないように、あなたは生きていますか？　何一つ嘘がないですか？　あなたが望んだことを叶えるために行動していますか？と……。

11 彼との別れ際のハグと視線

カフェで話を楽しんだあと、もう2度と会うことはないだろうと思った私は「お元気で」と別れの挨拶をした。彼は「え?」と言って「またね」と苦笑いをした。私がエスカレーターに乗り込もうとすると彼は「待って」と私を呼び止めた。不安そうな表情の彼に近づき「大丈夫ですか?」と聞くと、思い余ったように「ハグしていいか?」と言った。

彼の不安そうな表情を見て彼のすべてを抱きしめてあげたいと思った。長いハグをしようとしたが、彼はハグをするふりをして、すぐに離れた。苦笑いをして「じゃあな」と言って背中を向けて歩き出した。泣いているのではないかという背中を見て、彼を呼び止めた。「我が家に来ますか?」彼は少し考えて「なんで?」と聞いた。「心配だから」と答えると、しばらく考えて「いい。ありがとな」と笑った。彼の背中を少し見送ってから、私も家路に向かった。

12　自殺しないか不安になる（彼の勘違い）

帰宅してからも、別れ際のあまりにも不安そうな顔に私は彼が自殺してしまうのではないかと不安になって鼓動が速まった。すごく強い危機感のような感覚に包まれた。数時間経ってもその不安は消えなかった。あまりに強い不安感だったので、彼に「もし死ぬようなことがあれば助けますから仰ってくださいね」と連絡した。「あなたのことを好きみたいなので、急に死なれるととても傷つきます」と伝えた。

彼は「それは嬉しいです。命をかけて愛しますよ」と返信してくれた。私の「好き」というのは単なる憧れであり告白めいた意味ではなかったので、この返信には驚いた。今思うとなぜそのように勘違いされるような表現をしてしまったのか、自分でも不思議だが、その瞬間は必死の思いでそうメッセージしていた。

彼が勘違いしていたことを訂正するのも何となく気が引けて、そのままにした。そう思ってくれるのは嬉しいなと思った。まさかそのあと、お互いが急激に愛し合っていくようになるとは思ってもいなかった。

13　急激な接近

「物凄い愛を感じます。これはなんですか？」というメールが届いた。

その感覚と全く同じことを私も感じていた。

「いや、こちらも同じように感じますが、何かしたのですか？」

「いや……」

「どういうことでしょう？　大きな愛をとてつもない愛を途方もな

い愛を感じます。あんな数時間お会いしただけなのに」

「あなたこそ何かしているのではないですか？」

「いいえ」

「……」

「これは……すごい……」


この日から彼は頻繁にメッセージをくれた。そして、この日から彼がまるで側にいるのと全く同じような感覚があった。愛のエネルギーとでもいうのか……。メッセージの内容と私の感じるエネルギーはいつも同時にリンクしていた。彼の愛のエネルギーは深く広かった。離れていてもその愛に包まれている感覚がありありとしていた。

海溝に沈んでも、沈んでも、底に辿り着かないような……。美しいのだけれど直視したら漆黒にしか見えないような深さだった。底のない海に落ちていくようなエクスタシーを感じた。その深い愛には悲しみも喜びも携えてあって、漆黒なのにその奥に何色もの色を抱えていた。この愛で愛されたら離れられなくなるんだろうなと思った。

この時から、彼が何をしているのか、どんな感情でいるのか、遠く離れていても、何となくわかる感じがした。

とても胸を痛めて自分を責めて泣いているような感覚を突然感じたり、自分ではないもう一人が自分の内側にいるような感覚が始まったのはこの頃だった。

そしてこの愛を、ちゃんと生きなければならないという自らの強い魂の叫びを感じた。

この愛を
一瞬も逃さずに
生き切ることの先に
私は無限の愛を知るんだ。

この愛を瞬きもせずに感じ切らなければいけないと思った。思ったというよりも、そういう衝動が溢れてきた。私はそれに従おうと思った。

もしそうしなかったらとてつもない後悔をするんだろうと予感した。

私はこの愛に真っ直ぐに正直に生きると決めた。

14 再会

再会を約束した私たちはインドのプネーで待ち合わせをした。久しぶりに会ったからか、とても緊張した。

彼は「緊張するね」と言った。私は少し笑って頷いた。なんだか二人の緊張が周囲の人にバレてしまうんじゃないかと思うくらいに、二人が照れているのが照れ臭かった。会えて嬉しいのと、穴があったら入って隠れてしまいたいような気恥ずかしさだった。

インド式ヨガマッサージを受けるかそれともアガカーン寺院を見学するか聞かれたが、どちらもピンとこなくて、私たちはまたカフェに入った。

飛行機が苦手になった話。イケメンすぎて信頼してもらえない話。

玉ねぎが嫌いな話。そんな話をしながら二人は大笑いして過ごした。彼の話は本当にユーモアに溢れていて、知性的だった。彼と過ごす時間は本当にあっという間で、そのすべての仕草と言葉が愛おしかった。彼に何か否定する要素があったとしても、すべてを許せるような愛の中に包まれていた。

ふと彼の手を見ると、火傷の新しい傷があった。それはタバコで自分の手を焼いたような跡だった。その時に直感した。ちょうど数日前に私の胸が突然痛んだ。自分自身には何も起きていないのに、胸が痛んだ。

その瞬間、彼が私を愛してしまったこと、愛を伝えてしまったことを悔やみ、後悔し、自分を責めている感覚がありありと伝わってきたのだった。もしかしたら、その時に彼が自分の手を焼いたのではないかと感じた。火傷した時間帯を聞いてみると、やはり、この彼が胸を痛めたと思われるタイミングで彼は火傷をしていたという。

彼の感情がまるで自分のものとして感じられたことを伝えられなかった。

もし、彼が自分を責めて手にタバコを焼き付けたのだとしたら、あの時の感覚と完全に一致するなと思った。

15 楽しい時間

彼といる時間は愛おしくてとても安心して、大きな愛に包まれているような感覚がした。

「もしあなたが私とセックスをしたらあなたは離れられなくなりますよ」と言った。

「離れられなくなって問題ありますか？」と言うと

「私はまた十字架を背負ったのですね」と言った。

「十字架は背負わないでください。その荷物を下ろしてください」と言うと

「かっこいいじゃないですか」そう言っていた。

人を傷つけることを彼は十字架と言っていた。彼は私を傷つけることになると予告した。私はその予告に恐れを感じたが、それでも溢れる愛に従うことにした。この愛に嘘をつくことはできないと思った。のちにこの彼の強烈な愛に苦しめられることなどつゆ知らず……。

彼はタントラを学んでいた。

「私がセックスの中で一番好きな瞬間は、今あなたとこうしている時なんですよ」と彼は言った。

16 サラスバウ庭園

彼は肺癌を患っていた。癌だと診断された時、医師に「それを証明しろ！」と怒鳴ったと話していた。

そして会計を待ちながら死を想って号泣したと話していた。

「俺は死なないよ」と言った。

「どうしてですか？」と聞くと

「生きる理由があるから」と答えてチラッと私を見てから

「いや、生きる理由ができたから。かな？」と言い直した。

彼は癌の治療をしていなかった。すべてを受け容れていた。タバコもやめなかった。お酒もやめないし、すべてを受け容れていた。

何かを恐れた時、彼はその恐れを最初に選ぶのだと言った。実際に彼は癌患者には見えない健康的なオーラを纏っていた。

庭園を歩いていると二人きりになってしまった。その空間にいるだけで、彼の愛が私の身体のすべてを包むようで、またそのまま倒れて眠りそうになった。彼から愛がスパークしていた。まるで龍が大空を駆け巡るような美しいバイブレーションと深い安心感。

現実を生きているようで異空間にいるように感じた。

「この愛は一体なんなのですか？」と聞くと、彼は私から逃げるように距離をおいて身を隠そうとした。まるでそのエネルギーを見せてはならないかのように……。

「私は女性を生きながらにして殺してしまうのですよ」

「私は悪魔なんですよ」と言った。

この愛のエネルギーの深さゆえに彼から離れられなくなるということをここで初めて理解した。この人を愛したら殺されるとすら感じた。

突然、遠くからコントラバスの音が聞こえてきた。そこから管楽器の音が重なって、第九のメロディが流れてきた。ふと振り向くと、弦楽器を持った人達が庭園に入ってきた。さらに音は重なって管楽器を持った人達が入ってきた。そして、さっきまでいなくなっていた人々が戻ってきて、第九のフラッシュモブが始まった。フィナーレの合唱では宇宙が「歓喜」していると感じた。この出逢いを宇宙は祝福してくれているのだと感じた。

17 bar

それから、少しだけｂａｒで話をした。彼は私の唇に触れて、キスを想像しているようだった。そしてうなだれた。

「キスしたいですか？」と聞かれたので、「したいです」と答えた。「じゃあ、すればいいじゃないですか？」と言うので、私は「しません」と笑った。

これが彼と会う最後の日だとは知らずに……。

18 さよならのハグと左手の握手

さよならをする時、「俺とセックスせずに別れようとする女は初めてです」と言った。そして優しくて長いハグをした。

彼が左手を差し出して握手を求めたので、私は「左手の握手は永遠の別れを意味するので、右手でお願いします」と言った。すると彼は大きな大きな笑顔でまっすぐに私を見つめて、「ん」と言って、もう1度大きく左手を差し出した。また会えるって信じたら、必ずそうなるよ！　という無言のメッセージなんだと理解して、涙が溢れた。自分を信じてと彼は言ってるんだと私は思い込んだ。しかし、本当にこれが最後の瞬間だった。

19 近づきたいけど近づけない

彼の深い愛を感じるほどに、同時に恐怖も感じた。愛したら失う。相手を失う恐怖が時々訪れては、私を襲った。もし本当にこの愛の中に落ちてしまったら、人に戻れないような気がした。

愛はそれほどまでに危険だった。命の危機すら感じる愛に神の意図を感じた。神の意図を今無視してはならないと思った。

彼はそばに引っ越しておいでと言った。すぐに。彼はそうして、自分の望むことを実行してきた人だったと思う。でも唯一自分の望むことを決断できなかったのは、不倫相手が妊娠してしまった時のことだろう。クリスマスの朝に横にいた愛する女性が、冷たくなって固くなっていたことに、気づかなかったと彼は泣いていた。どれだけ自分を責めただろう。人を苦しめるのは罪悪感だと私は言った。その言葉に彼は救われたと言った。どれほど責めても終わらない痛みの中に彼はいた。

20 彼のトラウマを自分の内側で癒す

彼と出逢ってからはよく夢を見た。

彼の不倫相手が自殺していたことは知っていたが、そのことについて詳しく聞いたことはなかった。1度もなかった。だけど色々な映像を見た。

大きな会社のCEOとして会議に出ているけれど、携帯のメールに返信がないことを見て、会議中に泣きそうだけど泣けなくて、ただ愕然として、周りの音がまるでノイズにしか聞こえなくて「ちょっとごめん」と言って、席を立って、廊下に出て、一人で声を殺して大泣きして倒れているような映像……。深く愛する女性を自殺で亡くした哀しみ……。喉が切り裂けるほどに叫び、叫んでも、叫んでも、胸の痛みが収まることがなく、喉が切り裂けるほど叫んだあとに、気が遠のくような気がしても、死ぬこともなく、ただただ生きている自分が、怖くて、苦しくて、恐ろしい、自分の命が恐ろしい、生きていることが恐ろしい。

それから、彼は、目に映るすべてを信じられなくなる。すべてが、苦しさ。生きるすべてが、苦しい。目に映るものすべてが苦しい。救いを求めても、求めても、どこへ行っても、何をしても、誰かに愛を求めても、何をしたって、苦しい。どこをさまよっても、この苦しさ、絶望。そして、孤独からは、救われる日がなく、ただ命だけが続く……。

ある日、すすき畑のような場所で死を試んでみても、死ぬこともできず、また彼は雄叫びをあげる。

とにかく彼のつらさと言ったらなかった。まるで彼の内側を再体験するような夢を頻繁に見た。彼と魂を一つにするまで彼のすべてを知り愛し許すまでそれが続くような感覚だった。愛する人を自殺で亡くす絶望以上の苦しみがあるだろうか。そのたびに私は彼を光で抱きしめようとした。私の中にあるありったけの愛で彼を癒そうと必死だった。それが届くかどうかなんてどうでもよかった。彼を助けたかった。不倫したというだけで犯罪者扱いされ、自殺されて悲しいという悲しみすら表に出せず、大きな責任は手放せず、愛する人に2度と会えなかった彼の痛みがどれほどのものか、どれほどつらいか、そんな彼をただ癒そうと誓った。

人を最も苦しめるのは罪悪感だ。誰かを傷つけた時点で魂は罪悪感という十字架を背負う約束をする。人を傷つけた時点で自らの魂に苦しみを約束する。

人は生きている限り何かを奪わなくてはならない。食事をする限り何かの命を「いただかなくては」ならない。だから生きることは苦しみを約束することでもあった。

恋愛はきっとこのステージにある。罪悪感を持った限りは許しが起きる。

許すために罪悪感がある。

その苦しみを与えて宇宙はずっと**「自分を許して」**と言っている。

「弱い人」「ダメな人」「罪悪感」を極端に味わうことによって、どんな他者の弱さも本当に愛おしいものとして我がこととして抱きしめられるようになる。

すべての死は「自殺」である。
すべての生は「自演」である。

自殺のみをなぜ人は特別視するのだろう。すべての生が自由なように、すべての死もまた自由だ。それに優劣などない。それぞれの美しい形があるだけだ。醜いか美しいか、それはそれぞれの内側の受け止め方でしかない。

生きる限り死だけを避けることなどできない。死も生と等しく美しい輝きだ。

何よりも、**愛は死だ。エゴの死だ。**

しかし、人が信じるのが怖いのは、自らの闇ではなく、**自らの光の大きさの方**だ。

罪悪感を許す時、人は自らの闇でも他者の闇でもなく、自らの、そして他者の光が真実だと、信じることになる。

21 突然の別れ

暗い声で彼から連絡があった。

「しばらくいなくなります」

「え？　突然どうしたんですか？」恐れていたことが起きたような感覚がして心臓が高鳴った。

彼は低い声で「あなたのせいですよ」と言ってしばらく沈黙した。

「何か理由を教えてください」と伝えたが彼は何も話してはくれなかった。

「もっとセックスをしなさい」そう言って彼は黙った。

「必ず会えます」そう言って彼はすべての連絡手段を絶った。既婚者である彼に会う方法は何一つなかった。

私は彼が一体どんな生活をして、何を抱えていて、癌の病状すら知らず、何も知らずに、彼を待つしかなかった。

彼との連絡手段は失ったが、彼とのエネルギーの共有が変わらずにあった。だから、彼を待たないという選択が不可能だった。

22 相手が自分の中にいる

大きな絶望が襲った。泣きたい叫びたい。体がちぎれる。分解する。どの言葉を使っても筆舌に尽くしがたい絶望感があった。

そしてそれはこの生を受けて初めての体験だったはずなのに、決して初めてではなくて、今回ようやく時を待ってこの体験をしているというような感覚すらあった。

分離していく恐怖。

分離してしまったら、私がなくなるような、自らが死ぬよりももっと恐ろしい感覚があった。それを感じ切ることなしに次の人生は始まらないのだと理由もなく「わかった」。

その痛みは神と私たちは分離しているという感覚ととても良く似ていた。自分が漆黒の闇の中にいるようだった。

その日の夜、明らかに彼の大きな愛のエネルギーに包まれた。

その愛のエネルギーを感じながらもハートは痛いままだったが、これだけはっきりとエネルギーを感じるのならきっと大丈夫なのだろうと、信じることにした。信じないという選択をしたら自分が潰れてしまうと感じた。

23 愛と光を信じるという誓い

それからも、彼の感情を自分の内側で体験しているような感覚が続いた。それに意味づけをしたりすることをやめた。静観とでもいうのだろうか、彼のエネルギーをなるべく気に留めないようにしていた。しかし、それを感じるのがあまりにも頻繁だった。

頻繁というよりも、「彼を呼吸している」と言った方が適切だった。

彼を失ったと信じると私の心は潰されて動けなくなった。だから自分は彼がきっと連絡をくれるのだろうと彼を信じることに決めた。そうしていることが一番心地が良かった。そう信じている時だけ、私は私でいられた。

だから私は誓った。彼の愛と光を信じると……。

24 光と闇の指針

『案内人の言葉』

本当のことを見抜くために
目も耳もいらない。
あなたを導くサインは
外側にはない。
あなたを導くサインは
感情にある。

真言「guru」

叡智《えいち》あるいは先生という意味を持つ。

しかし、それは人ではなくて、知識の源のことだ。
決して「誰か」ではない。
Guは暗闇！
Ruは光！

つまり、この世界の二元のコントラストこそが
叡智なのだ！

「誰か」や「神」という師を
外側に求めるのではなく

自分の内側にある
陰と光が
あなたの導き手である先生なのだ!!

つまり

自らの人生そのものが

導き手であり先生なのだ！

どこかにguruという師匠や導き手や神がいるのではなく

相手を通した

関係性の中に起こる。

自分の内側の

陰と光
それが先生なのだ！

25 外側を変えようとしても変わらないという真理

「案内人」の言葉は続いた。

現実にはとんでもないことが起きる。
時には受け容れがたい困難もやってくる。
しかし
その現実というのは
現実として起きているというよりも

その現実から「恐れや不安」という幻想から抜け出せ！
というサインでしかない。

もしこの幻想であるということを
常に体感し続けることができたなら
人は統合された意識へと導かれる。

その意識の中で、人はどんな出来事にも愛を見出せる。

悲惨な出来事であっても
社会では「悪い」とされているようなことや
社会では「格好悪い」とされているようなことであっても
その中にある愛を感じ取ることができるようになる。

つまり、外側の現実を変えようとしても現実は変わらず、同じ現象を引き起こし続けるのだ。

だから
もうこんな想いはしたくない！　と、思うなら
この出来事すべてから
この出来事はどんな愛なんだろう？　と、探し出すのだ！

私たちはあなた方の幸せだけが望みなのだ！

不安や恐れという幻想から抜け出す時、自分の本当の望みを知る。

この統合された意識の中で、この境地になればなるほど、あり

えない現象を引き起こしては、それすらも愛だと学ぼうとしている。

そして、完全なる統合された意識へと上昇しているのだ。統合された意識の中で人は、とても安心していて、リラックスしている。

そしてこうして内側の神聖さが増すことで、聖なる出逢いが「起こる」

26 相手との感情と身体の共有というえぐさ

彼と私ははっきりと魂を共有していた。それは最初ハートである感情を共有しているだけだと思っていたが、そうではなかった。全チャクラを共有しているようだった（※チャクラ……エネルギーの渦の中枢であり、思いや感情を身体と繋げるツボ）。彼の匂いや彼が他の誰かとセックスしている時でさえ、その内側からそれを体験した。嫉妬は何度か体験したことがあったが、この時の憎悪はとてつもないものがあった。

神はなぜこの体験をさせるのか……疑問だった。そうまでして嫉妬で自分を焼き尽くす必要がどうしてあるのか？

彼が彼女に触れる髪の毛の感触も感じた。彼が彼女を愛していて幸せだった時、私も幸せだった。

私たちは文字通り一つだった。彼の幸せは私の幸せだった。

ただしそれは体感であり、マインドや思考はたまらない！　エゴのある限り苦しみは続いた。

愛する人が別の誰かを愛して幸せなら自分も同じように幸せなのだ。愛する人が私を憎んでいたとして苦しんでいたら私も同じように苦しいのだ。相手が内側にいるということは文字通り一つであるということだった！

27　魂の片割れ??

自分の現実とは違う感情を内側に感じるようになることはとても不便なことだった。私はお皿を洗っているというのに、悲しくて悲しくてたまらない。私はデパートでとても楽しい気分で買い物をしているというのに、突然胸が痛い。

まるで別の魂が私の中にあるような……そんなことが起こるようになった。

何かの亡霊に取り憑かれているのだとしたら、もっと苦しいだろうにもっと重いだろうに、この「もう一つ」は、どうして愛おしいんだろう？

ずっと前から何かを探していた……。でもそれが何かわからない。そのもう一つが見つからない限りは、永遠に満たされないのかもしれないような……。何かぽっかり胸に穴があいてしまったような……。そんな感覚を誰もが感じたことがあるだろう。そのもう一つに会えたようなそんな感覚……。そしてそのもう一つに会うことのできない現実……。

宇宙の真理は未知で、私たちの想像をはるかに超えていて、幾重にも奇跡が重なりあっていて、そんな中で、言葉にもできない。証明もできない。利益にもならないこの体験は、何のために起きたのだろう。

28
彗星

彼に出逢う数ヶ月前のこと、洗濯物を干していたら、ふと……まるで呼ばれたようにベランダに出た。夜空に一筋の大きな大きな流れ星……。彗星？　映画のワンシーンのように、ゆっくりと、その星は流れ落ちていった。

なぜかわからないけれど、深い安心と切なさと愛おしさがこみ上げてきた。

そのあとだった。私の目の奥が悲しい……。悲しくて悲しくてたまらないけど、理由はわからない。「愛してる、愛してる」という言葉が何度も聞こえてくる。「誰に？　誰を愛してるの⁇」それもわからない。誰かもわからない。悲しみはふいに訪れる。私の現実とは違うタイミングで……。様々な手法でこの痛みを癒そうとするができない。「私ではない何か」としか想えないような悲しみ……。「私ではないもう一人」が私の中にいる。でもそれが誰なのかわからない。

彼との出逢いはそのあと起きた。彼に会った時、私の目の奥にあった哀しみを彼は持っていた。「私はそれ知ってる」と心の奥が叫んだ。

意識では「そんなはずはない」と思った。何の接点もない彼と私が関係あるはずない！　でも、どうしたって同じだった。2年前から感じていた哀しみとこの人のそれは同じだった。私の中にあったもう一人。

彼との会話は24時間にも満たないのに、それからというもの24時間彼と同じエネルギーを感じた。彼が哀しいのか、今は落ち着いているのか、わかるようになった。言葉ではない言葉で、二人は繋がって、常に一緒にいるような24時間一緒にいるような感覚だった。

29 何のために魂を共有するのか

宇宙がなぜ、この体験をさせるのか。神がなぜ、この体験をさせるのか。それは誰にもわからない。

ただ言えることは、これはとても奇跡のような体験で、宇宙が息をのむほど、美しい愛の拡大であり、全宇宙が応援している。宇宙という未知なる世界において、とても重要な役割を持っている……ということ。その個人を覚醒させるだけでなく、その個人を取り巻く周囲も覚醒に導くことになるということ……。

そしてこれはきっと、家族を超え、すべての人が一つになるために、起きている。

30 結婚制度

結婚をすると、男性が女性を養うことが多かったり、男性には女性を幸せにする責任があるように思われる時代が長く続いたように思う。

そうして男性が「男が女を幸せにしなければならない」という思い込みを持つことになり、女性は男性に愛されなければ、幸せではないという前提が、女性の潜在意識に刷り込まれ、無意識に「男は女を傷つける可能性がある」と反応してしまう。そのため、「男性は女性を傷つける存在」としてのドラマを現実化してしまう。

結婚制度というか、制度というものが、そもそも恐れという意識が根源にある。不信というエネルギーが根源にある。恋人同士も同じだ。付き合うとか、そういう約束のあるその限りは、ドラマを現実化してしまうのだ。

一方で、制度なんてなくても、保証を求めなくても、深い信頼の中にいるならば、そもそも、男性は女性を幸せにしたい生き物であり、女性はそれをどこまでも受け取って良いという世界にいる人ならば、恋愛のメロドラマを現実化することはない。

本当の安心というのは、「安定」の中に存在するのではなく、本当の安心というのは、「不安定」の中に存在する。海の中もしくは、空の上で、あなたは全身どこにも力が入っていない感覚……。委ねていて、安らいでいる。

男という船があって、女が船着場なのではなく、すべての人類が船であり、海という不安定さの中で、みんなが、自由に波に委ねている。

何にも縛られず、信頼した時に、私たちは、奪い合いのある愛から卒業する。関係性の愛から卒業する。

嫉妬を止めよう、所有を止めようとすれば、反対側が持ち上がってくるだろう。だからこそ、すべてにおいての明け渡しと信頼の中で、ようやく、私たちは自由になれる。

縄文時代の人骨には戦いによって撃ち抜かれた跡がないという。土地を所有するようになってから争いは起こった。所有のない時代に、私たちは「争う」ということがなかった。所有がなかった時代に、戦いは存在しなかった。戦争は存在しなかったのだとしたら……。「所有」が起きてから不調和が起こり始めたのだとしたら……。

「家族」という枠組みを壊すことが調和を目指そうとしている宇宙の

働きだったとしたら、私たちは、家族という制度で縛られた関係性ではなく、すべてと一つなのだということに気づくために起きているのではないか。

所有のない愛であること……つまり、無条件の愛に到達した時、相手を所有する必要がない！　なぜならば、そこには深い信頼がある。この深い愛は、相手の中にある愛は、同時に、自分の中にあるという感覚。相手のすべては、常に、自分と伴にある。魂が一つであるという、あまりにありありとした体感は、自らがコントロールできるものではないような愛を感じる。

三位一体とは、自分と他者と宇宙を、深く深く信頼していることだから、その境地で、結婚なんて縛りがいらないのだ。きっと彼と会うとか、会おうとか、一緒になろうとか、ならないとか、そういうのすら超えている愛なんだ。そう確信した。

そんなものなくても、ただ愛がある。人類がもっと目覚めたら結婚は消え失せるだろう……。人々が一緒にならないというのじゃない。実はそうして初めて人々は一つになるのだ。

31 本当の意味で一緒になるというのは……

愛の中にいるならば、未来をどうこうしようとしないはずなんだ。愛を計画したり、保証したり、できないんだ。だって、愛は未知……。だからこそ美しい……。驚きに満ちている。人がもっと愛の意識を高めたら、結婚はいらなくなる。それは男女が一緒にならないという意味じゃなくて、そうなって、初めて、人は一つになる。

※※※

「私の中に彼がいる」この不思議な体験を通して、強烈なまでに真っ白な愛を、意思ではコントロール不能な愛を体験し、肉体すら、存在すら、超えて愛するという体験をしていく。これほどまでに真っ白な愛に、所有はなく、相手の存在を求めるエゴすらも超える愛だ。

相手を愛している自分を愛するということ……。

相手を外側にいる存在として愛しているうちは、恋愛という関係性の中で苦しみを体験し続けるだろう。愛はエネルギーなのだ。所有することも、留めておくこともできない。私は彼を愛することでそれをまざまざと知った。

人類は今、愛において、大きな局面を迎えている。

これからの私たちの愛は「所有」を超える。その理解は難しいのだけれど、これからの世界にとっては、家族制度や所有の愛を超えることで、完璧な調和へと向かっていく……。

神にはできないことを、我々人間が授かってこの地上で果たすために、ここにいる。**世界平和は神が叶えるのではない。逆だ。人間が叶えるのだ。**

32 本当の安心は不安定の中にある

私の中に彼がいたので、それがあまりに強烈で、失う怖さがあった。そこには執着があった。もしそうだとしたら、私は彼を少なくとも、所有したい思いがあった。

だけれども、誰かを所有できることはない。

人を固定しておくことなんて不可能だ。けれど恋愛においては、ほとんどがそれによるトラブルだ。所有を通して嫉妬が現れる。彼が彼女を愛していて、もう自分を愛してくれないかもしれないという不安……。これが生まれた瞬間に愛は憎悪へと化して私を苦しめていた。愛は、自由なはずだ。彼がどんな状態でも拘束されず、与えることも、与えないことも自由なはずなんだ。そう気づけた時、私は、心からくつろいだ。

本当の安心は、安定の中にはない。本当の安心・安らぎは、不安定さの中にある信頼だ。

33
愛を求める必要がなくなる時

もし愛を求めているなら、それは「枯渇」をあらわしている。

そもそも、誰からも愛されている存在であるということを、思い出せたなら、愛を求める必要がなくなる。愛を自然と溢れさせるだろう。

「誰かを愛している自分を愛する」ということ……。

それは自分が愛されているというこの現実を、はっきりとこの身で体験することから始まる。

34

愛に思考はない、思考は愛ではない

愛が始まった時、思考は働いていない。相手のことを、正確にはどんな状態なのか、何者なのか知らずに、愛は始まる。もし、相手の状況や何かを知ってから愛したと思い込んでいるなら、多分その「愛（のつもり）」はやがて破綻する。

真実の愛は無垢だ。真実の愛は純潔だ。その愛が落ち着けば落ち着くほど、不安や恐れが顕れて、執着や所有欲になっていく。愛が深ければ深いほど嫉妬も深い。これが理由で私たち人類は結婚を制度にしたのだろう。制度は恐れが根底にある。結婚は安全なものとして、恐れを逃れたかった人間の解決策だった。愛は保証されないものだ。結婚が安全なものだったとしたら、愛は生きていないだろう。

もし愛に生きたいのなら、この不安定な大海に身を投げるしかない。

未来の安定を図ろうなどとしても無駄で、愛とは瞬間だという真理を受け止めて、その瞬間の美しさにため息をつく……。愛の中にいれば、計画はできない。だからこそ、未知である愛は美しい。未知という驚きが命を新鮮なものにしてくれる。これからの地球の人類が目覚めたら、結婚はなくなるだろう。**それは分離するということではなく、人類が「一つ」になる瞬間だ。**愛に絶対の自由を許す時、それは痛い。その痛みもまた、美しい。苦しむことすら美しいのだ。あなたが自由のために苦しむ時、その苦しみは美しい。

愛は方向性を持たず、対象を持たない。それはただあるのだ。

35 愛と憎悪

嫉妬が身体を焼き尽くすようだった。自分以外の女性を愛しているということを感じ取るだけでも、彼を呪いそうになった。それが事実かどうかわからないから、とにかく、これは自分の妄想なのだと信じることにした。

それでも、内側にいる彼は確かに存在していた。もし、あなたが真実の愛を探すなら、自らを愛という危険にさらす以外に方法がないことを断言しよう。自らが狂気になることすら許さなければ、真っ白に焼き尽くされない限り、真実の愛には辿り着けないだろう。愛に身を投じることができない者は、本気で人を愛する者を嘲笑うだろう。

そうして、傷つくことを恐れ逃げながらも、どこかで、愛される体験を求めている……。そして求めても不十分だと嘆いて苦しんでいる。

真実の愛は、保証ではない。真実の愛は、永遠を約束したものではない。真実の愛こそ最大の混乱であり、最大の不安定なのだ。

嫉妬と憎悪を繰り返しながら、愛がどんどんと真っ白になっていくことを感じていた。

36 信じる心と疑う心

宇宙の意図を感じる出逢いだから、彼と幸せになるかどうかは別にしても、幸せになるために起きていることを信じていた。

自分を心地の良い状態に置くために、彼からの連絡がくると信じた。彼からの愛を感じる自分を信じた。彼を内側に感じる自分を信じた。それが何より心地良かった。そうでない時が怖かったのだ。その恐れの中に飛び込めずにいた。その恐れの中に身を投じても良いと許可することができなかった。私はその恐れに飛び込むことを逃げ続けていた。逃げるために、信じないより、信じることを選ぶことにした。そうすることできっとベストな場所へ導かれるだろうと信じた。それは、「信じる」という美しい響きの「コントロール」であったことにも気づかずに……。

大事にされないこと、愛されないことに苦しさがないと言ったら嘘だ。しかし、相手に好きな人がいようと、誰とセックスしていようとも、相手が自分を大事にしてくれなかろうと、愛せることが本当に心から心底幸せに感じた。これほどまでに人を愛せるのかと想って涙が溢れた。

37 手紙

とはいえ、現実を生きる限り、はっきりさせようと思った。愛しているのか。愛していないのか。内側に感じるエネルギーは本物か、幻想か、思い込みか。

私は彼にこんな手紙を書いた。

お元気ですか？

あれから、あなたの連絡を待ちながら、どこかで、信じられない自分と戦う毎日です。

大丈夫。信じようと。自分を励ましては泣いています。

泣き疲れては信じることを選んでいます。

あなたからの連絡を待つのはせめてもの私の希望です。

そして、その希望の灯火が幸せです。

あなたを愛せることで悲しいことが幸せなんだなと思います。

でも、もし叶うなら、話がしたいです。もっと普通の話を、目を見てちゃんと話したい。

どんな事情があるかわからないけれど、話したいです。

繋がってると感じてます。

内側にあなたがいるような感覚がしているんです。もし、これが本当なら教えてください。
必ず会うことになるって言ってましたよね。
信じてます。
信じていいですか?
出逢ってくれてありがとう。

私の送った手紙が届いた時、彼が泣いていたのがわかった。

私はただただ、彼からの返信を待った。

38 69（相手が自分であるということ、文字通り一つになること）男性は女性を通してオーガズムを感じている

「案内人」が夜中に私を起こして伝えてくれたメッセージがある。

69は統合を意味する。
相手の感覚が自分の感覚となり
自分の感覚が相手の感覚となる。

男性は女性を悦ばせることによって、自らの内側にオーガズムを体験する。

相手の身体を通して自分がオーガズムに達する。

聖なる結合は
文字通り
一つになる。
魂も身体も溶け合うのだ。

これはそれほどまでに相手と一つになる愛。

相手を心から慈しみ愛する。

純粋な愛のエネルギーから生まれる。

お互いがエゴのない純粋な愛を送りあった時。

愛の循環が起こる。

エネルギーが一つとなり

相手が自分となり
自分が相手となるのだ。

聖なるセックスにおいて依存は生じない。
聖なるセックスによって人は神と一つになる。

意識の上でも

相手の幸せが自分の幸せであり
自分の幸せは相手の幸せなのだ。

そして

肉体においても

相手の幸せが自分の幸せであり
自分の幸せは相手の幸せなのだ。

これが宇宙の真理だ。

39
溶け合うために生まれた

どうして神は土にすべての栄養素を置かなかったのだろう……。土にすべての栄養素があれば生物はそれを食べて生きることができるのに……。わざわざ植物がそれを吸い、その植物を動物が食べる。その動物の命をいただいて生きる。どうして命を分け合わなければ生きていけないのだろう……。

「案内人」は言った。

聖なる領域に到達する前に
私たちは恋愛をする。
結婚や関係性において名前をつけて相手を所有していると思い込む。

しかし実際は

愛は生だ。

いつも動いている。

関係性の上に愛はない。

産まれては消え去っている。

愛だと言った瞬間に愛ではなくなる。
関係性の名前をつけた時点で愛は純度を失う。
愛はただある。

そして

私たちは相容れないものと溶け合うためにこの地球に降りてきたのだ。

様々な多種多様なものと

自分とは違う存在と溶け合い

相容れないと思っていたものを許すことをしているんだ。

すべての許しが終わった時

人はすべてと溶け合う。

その人の内側に起きた響きは全宇宙に響き渡る。

この地上での体験は

この宇宙の体験となるのだ。

40 聖なる出逢い

母から手紙をもらって以来、私はずっと聖なる出逢いを探し求めていた。それを外側の誰かがいるのだろうと探し求めていた。この人だろうか、この人は違うのだろうか、と……。

そして、この体験を通して、知った。聖なる出逢いは外側に探しても一向に訪れないということだ。

会うことを決して許されなかった恋人たちだけが偉大なる愛として語り継がれる。彼らは永遠の愛を自分の内側に見出すのだ。

永遠に愛せる自分を愛する。

永遠の愛を他の誰かの中に見つけようとするから欲求不満が起こる。外側の誰かが自分を満たしてくれないのだと欲求不満を見つけ出す。自分の内側にその愛を見つけられたら外側にそれを求める必要がなくなる。溢れる愛に身を委ねるだけだ。その愛はエゴのすべてを焼き尽くす。とても穏やかに優しく。エロスの愛からアガペの愛へと。ただ無限に溢れ続ける愛へと私たちは神聖さを高めていけるのだ。内側が聖なる愛へと辿り着いた時、初めて、外側に聖なる出逢いが訪れるのだ。

41 神殿への導き（真実の愛に逢いに行け！）

彼と会えない日々が続いたが相変わらず自分の内側に彼がいるような感覚があった。もうこの状況でい続けるのが嫌だったので彼に会いに行こうと思った。

しかし彼の住む町にホテルがなかったので、隣町にホテルを取ることにした。

ネットで調べると、その隣町には「ある神殿」があると書いてあった。その神殿はシャンバラの入り口で男女に関する願いが叶うと書いてあった。

ノープランで行こうと思った私は、導きに任せることにした。２日間は本当にのんびりと過ごしていた。
3日目、ふと「coffee」の看板に惹かれて入った店で、ふと、その神殿の場所を聞いてみた。

そしたら「その神殿とは別の場所に似たような名前の神殿がある」とのこと。似たような名前の神殿だけど、写真を見るとネットで見たその神殿とは別の神殿だった。その似たような名前の神殿はとてつもなく説明しづらい場所なので案内してもらうことになった。別の神殿だったが週末に案内してもらう約束をした。

その店員の名前はラジャだと言った。ラジャはその神殿のことは知らないと言っていたのでその時点ではその神殿のことは諦めていた。その土地の誰に聞いても「その神殿のことはわからない」という回答で地元の人も知らないといった感じだった。

4日目は彼の町へ行ってみた。その町に住む友人のバニータとその子供のキナリと行ってもらうことにした。彼の町にある滝を見に行くことにした。滝に行くと、風が止み、深い沈黙が起きた。

その時に彼が私を愛しているんだということを感じて、静かに涙が流れた。彼がここで生まれ、ここで生きているという事実にただ涙が溢れた。

5日目、友人のバニータとキナリと一緒にその神殿に行ってみようということになった。

住所が書いてあるが地図にはない。現地の指定はできずとりあえず車を走らせた。途中、道が分かれる手前で老人が乗っている車とすれ違った。なぜか老人が車を停めて降りてきた。よっぽど車が珍しいのかなと思って、私も降りて挨拶をすることにした。

「その神殿に行こうと思うんですが」と伝えると

「その神殿はオレも知らないなー。オレは隣町のさらに3つ先の方から来たからさ。あのばあさんだったらきっと知ってるよ」と。

その土地の老婆がどこからともなく現れた。そしてそのわかれ道が、地図の指していた右ではなくて、左であることを教えてくれた。

私たちは地図のない道をひたすら登った。すると古びた石の階段がある。

私はこのあと、この石の階段と同じ階段を3つ見ることになった。

そして、その神殿の名前がすべて「tao」という名前であることを知った。

のちに地元の方に聞くと、地元には何百という神殿があるのだけれど、この石の階段はこの3つしかないとのことだった。おそらく、この石を調査すれば、この神殿の歴史がどれほど古いかが証明されるだろうと感じるほど歴史のある遺跡のような神殿だった。

それくらい歴史を感じる神殿だった。

中には凄い大きな岩が祀ってあった。畏怖《いふ》を感じ恐れで泣きだしそうなくらい。凄い佇まいにしばらく呆然とした。

バニータは

「ここは、知ってる人は知ってる場所で、太陽の神が隠れた場所って言われているんだよ。人々が働く、苦しむことが豊かさを得るための方法なのではなく、歌って踊る＝つまり自分を歓ばせる生き方こそが、太陽の恵み＝豊かさを得るという例え話であること。もっともっと命を歌って踊って欲しいという願いが込められた神殿なんだって祖母から聞いたわ。そしてこれは地元の人しか知らない秘密なんだけど、この神殿は男女の統合を司るとても神聖な場所なの」と言った。

「私たちは神様に願いごとをする習慣がないの。神にはできないことを、我々人間が授かってこの地上で果たすために、ここにいるって考えているの。もちろん、神にしかできない導きはあるわ。でもそれを体現するのは人間なのよ。神の世界に苦しみや悲しみっていうのはないの。私たちは苦しみや悲しみがあるからこそ、成し遂げられることがあるのよ。そして、真実の愛によって男女の統合が起こることで、シャンバラという理想郷がこの地球で現実のものになると信じられているの。だから、この神殿で祈ることによって、あなたが幸せになるのではなく、あなたが自らの人生をもって、自らを幸福にすることが、神の祈りなのよ。だから、この場所を「シャンバラの入り口」と称してみたり、パワースポットとして、人々が願いを乞いにくるような場所ではないのよ。残念ながら。あくまでも、男女の統合とは一人一人の内側に起きることで自らに向き合うことでしか起きないわ。相手を外側に求めても起こらないの。もちろん、この場所には強烈なパワーもあるわ」と言って彼女は笑った。

そのあと、食事をしようとしたが、2軒まわっても「ご飯がない」「材料が売り切れです」と言われた。そのあとようやく見つけたぼろっぼろのレストランの扉をあけると老婆の作ったあまり美味しくなさそうな定食が一種類だけあるという。

しぶしぶそこで食事をとることにした。

座ると奥の方から3人の老人が出てきて、堰《せき》を切ったように3人同時に話し始めた。訛りが強いし、同時にしゃべるから何を言っているかよくわからないのだが、その神殿に祀られているご神体は女性の性器を表している。そこに、大蛇が現れてその血が流れた場所があると噂されているそう……。確かにご神体の下辺りに、川の流れがない川の跡のようなものがある。

そして、その神殿には対の神殿があり、その対の神殿は男性器を表しているという……。老人達は、「あの時代にあんなに大きな石をどうやって置いたかわからない。宇宙人がやってきて作ったとしか思えない」と、言った。

翌日、その神殿へ行くことにした。やはり同じように地図には記載がなく、ひっそりとその神殿があった。しかし、その場所には老人達が話していた岩は存在しておらず、池を回ってちょうど反対側へ行くともう一つ神殿があると書いてあったので、そこへ向かった。深い森を恐る恐る進むとその神殿があった。やはり同じ石の階段だった。神殿の中を覗くとまさに男性器のような感じのご神体が祀ってある！

よくよく見てみると、男性器に対して真正面に池があり、それはまるで、男性器を象徴した一つの芸術のようにも見えた。

これを見た時に、女性器のご神体を思い出した。そういえば、女性器の下にあった川の跡……。

大蛇の血が流れたって……。

ああ、生理を表現していたんだ！　と感じた。

しかしながら、ネットの解説では、このご神体が性器であることは書いていない。

そして、この2つの神殿を結ぶラインの中間地点に、もう一つの神殿があるという……。

そこがまさに週末にカフェ店員のラジャに案内される予定となっていた場所だったのだ‼

女性器の祀られた神殿も男性器の祀られた神殿も、人が立ち入らないような感じがしたが、週末に訪れる予定となっている、この中間地点の神殿では、人々が毎年お祭りをするという。

私は偶然の導きによって、3つの神殿を訪れることになる。

そして、地図で見ると一直線に結ぶことができる！

男性器の祀られている神殿と、女性器の祀られている神殿の真ん中に、中間地点の神殿があったのだ。

42 案内人の言葉

その日の夜「案内人」が内側に現れてこう言った

女性器を表した神殿……。

つまり豊かさを象徴するのは、女性器です。

そして、その対極には男性器の神殿があります。

男女が統合されることによって、シャンバラ＝地上の楽園が形成されることを、この3つの神殿によって表現しています。

男性の本来のパワーを発揮させることのできる一対の女性……。

今までのそれは、お金や権力のことだけだと思われていたかもしれないが、真実の相手との統合で創造される世界は、もっと安心と平和に満ちた世界であり、万物との調和を成した世界です。

シャンバラはお金や権力、争いなどとは無縁の世界……。

その世界を創造できる男女は、文字通り一対であり、一つである。魂では溶け合っている。

私たちの中には聖なる男性も聖なる女性も内在されている。本当は、私たちはそうした聖性そのものの存在だ。

そして、私たちがそうした存在となって、初めて、もう一人の同じような存在に出逢う。その時こそ、それが本来の宇宙が意図している男女の出逢いだ。

このことを覚えておきなさい。そして、その出逢いは、内側から起こる。内側で出逢っている。やがて、自分の内側にもう一人がいることを24時間感じていくことになる。その時、あなたが意識と意識が通じ合っていることに確信を持てた時、片方にその意識が生じる時には、相手にも生じていることを理解するだろう。

ゆえに、片思いに苦しむことはない。
あなたに嫉妬心は起こらない。

満たされているあなたの中には、個人的な欲で愛を求める心など起こりえない。

あなたはすべてから愛されているという感覚に満ちているために、愛を溢れさせるが、求めることはない。異性に対する所有の観念がない。

それは特定の相手以外の存在に対しても同様で、財産においても、あなたの愛のすべてを実現させているものは、すべてを包括する大きな愛なのであり、その真の愛は個人のエゴを超えた神聖な愛なのだ。

男女の統合とは、自分の内側に起こることである。

自らの愛の神聖さを現実のものとして体現することがシャンバラ＝地上の楽園への切符なのだ。

この神殿のご神体もそれを伝えるメッセンジャーなのだ。

セックスが神と繋がる行為であることと同時に、大切なことは、「真実の愛」のこと……。

男女の統合とはそれほどまでに地球や宇宙に愛を響き渡らせることができる。

43 ヒトラーの探し求めた聖なる棺

女性器の祀られている神殿と男性器の祀られている神殿を繋ぐと、その中間地点に、もう一つの神殿があったが、そこには何もご神体らしきものが置いていなかった。

なぜここにはご神体がないのだろう？　この中間地点の神殿は何のため？？？

今もなお引き継がれている御祀りは、この中間地点にある神殿で行われるという……。男女の統合を祝う神事（祀り）をしていたのだろうか……。

そのあと、もう1度ぼろっぼろのレストランに足を運んで、その神殿の意味を老人に聞きに行こうとした。

中に入ると中年の男性がいた。一連のことについて話をすると、「ああ、そうですか」と、言って感慨深げに話し始めた。

「私はここに住んではいなかったのですが、この神殿に大変興味を持ちましてね、それでこの近辺について大学で研究していました。それでこの歴史の深さに魅了されましてね、今はもうここに住みついてしまったのですが、旅にいらした方がそこまで調べられるというのは、随分と珍しいですね」と言った。

「この3つの神殿を線で結ぶと一直線に結ばれますよね？　それをさらに伸ばしていくと……。

この山の頂上に繋がります。この山の名前は「ギルナール山」。

このギルナール山の剣は十字架を表し、

イエス・キリストの骨が埋められた場所だという噂があります。そこにアークという聖なる棺があり、そのアークを探し求めたヒトラーが、そのギルナール山めがけて、鉄道を作った跡があるそうです」

あまりの驚きに言葉を失った。冒険に来てしまったかのようだ。

ヒトラー⁇　ヒトラーがそれをめがけて鉄道を作ったなんて……。

「それほどまでに聖なる棺＝アークには力が宿っていると信じられていたそうです」


そんな話を追い求めて（つまり、アークを発掘しようと）、ここへ向かった人々が次々に病に倒れたという。

しかし、私はそのアークはギルナール山にはないと感じた。女性器と男性器を祀る神殿の真ん中の神殿にそれがあったのではないかと……。なぜならば、その神殿の側には無造作に土を掘り返した跡があったのだ。

男性にそう聞いてみると、男性は下を向いてゆっくりと深呼吸した。

「鋭いですね……。多くの人がギルナール山を目指していて、神殿の真ん中に、その探し求めているものがあるとは気づかれなかったのでしょうね。神殿の名前すら有名ではありませんから」


ヒトラーすら辿り着けなかった場所……。

神はなぜ私をここに導いたのだろう。


その中間地点の神殿に聖なる棺があったとしても、それによって、世界を動かせるものすごい力のあるものがあるとはとても思えない場所だった。

キリストの骨が埋まっていたとしても、それはただの骨でしかないというようなエネルギーの場所。

キリストの骨が掘り返されてしまったから……？
そして、そのアークがものすごい力を秘めているという噂があるそうだが、もしかすると、そのアークは、聖なる棺でもキリストの骨でもなく……、ずばり、男女の統合ではないかと感じた……。

つまり、
キリストの骨という「世界を変えるもの」があるわけではなく、
世界を変えるのは純粋に男女が愛し合うこと。
それによって産まれる子供の力によって、
世界は愛へと導かれるということ……。

ヒトラーが探し求めていたのは、それだったのではないかと……。

44 世界を変える力

世界を変える凄まじい力……。

それはつまり、真実の相手との統合なのではないか……。合一なのではないか……。


世界を平和にする力……。

一人のブッダがこの世に生まれること、一人のキリストがこの世に生まれること。

一人の聖人がこの地球に生まれることで世界は変わる。聖なる子供が生まれるためには、聖なる出逢いが起こらなければならない。聖なる出逢いの元にある男女の統合、合一こそ、世界を変える力。それをヒトラーは探していたのではないか……。

その日の夜にまた「案内人」が私の内側に現れて教えてくれた。

もう一つの魂に出逢うということは、陰と陽が出逢うこと。
陰と陽の中でも全くずれのない二人
もう一つの魂が出逢うことで
ゼロ磁場が発生する。
ゼロ磁場はブラックホールと同じ役割をする。
すべての悪い要素を浄化する。
自分の魂の片割れである相手の近くにいるだけで体の調子が良くなったり
逆にすべてのカルマが浄化されて、この上ない安定感に包まれる。
それは人間のコントロールは及ばない力が作用する。
一気に霊性が高まったりする。

この二人が出逢うため、聖なる結合に至るために、どんな思考も知識もいらない。
ただ触れ合うだけでエネルギーを感じ合うだろう。
内側が神聖になるに従って
聖なる出逢いが起こり
聖なる結合によって
聖なる子供達が生まれてくる。
次世代の子供達の誕生は地球や宇宙の進化に必要なことであり、男女の統合というのは決して個人的な恋愛の問題に留まることがない。

※※※※※※※※※※※※※※※※※※

私は、ヒトラーが探していたそのパワーはこの男女の統合であったように思う。ヒトラーはその真理を知らず、ただ、その秘密を知りたくて、永遠なる幸福を探し求めて、聖なる棺を探したのではないか。

しかし、アークを見つけたとしても、ヒトラーは幸福感を得ることはなかっただろう。なぜなら真実の相手に出逢うことでしか、その体験ができないから……。

ヒトラーも同じく愛を求めていたのだ。

45 霊的なレベルで出逢う男女のこと(神秘家OSHOの言葉)

例えば愛だ

あなたはそれをやれるだろうか？
もしあなたがそれをやったとしても
せいぜいのところ演技することができるだけで
それは真実ではあるまい（中略）
誰かがあなたを抱擁することはできる
誰かがあなたにキスすることはできる
誰かがあなたと愛を交わすことさえできる
愛がなくても
こうしたジェスチャーはすべてできる
それらは虚ろで、空っぽだろう
それらは死んでいるだろう（中略）
愛はすることができない
それは起こるか起こらないかのどちらかなのだ
あなたはそれを待たなければならない

あなたが取りはからったり
操作したりすることはできない
あなたが細工することはできない
なぜならば
愛はあなたより大きいものだからだ（中略）
愛はあなたよりも大きい
もし愛したいと思ったら
あなたはしないいい人でなければならない
これが〈無為 Wu-Wei〉だ
非活動の中の活動——

しかし、愛のことなど忘れた方がいい
愛というのは世にもまれな現象だからだ
数えきれない人たちが、自分たちは愛していると思っている

しかし
それはほかのあらゆる大芸術と同じようにまれなことだ（中略）
本当の恋人たちというのは
最期まで最初の日と同じくらい深く愛し合っている
彼らの愛は興奮ではない
興奮は熱っぽい
しかし、永久に熱を出していられるものではない
いつか落ち着いて正常にならなければならない
愛は熱のようなものではない
それは呼吸のようなものだ
それはいつまでもいつまでも続く
終わってしまうようなハネムーンなら
全然ハネムーンではなかったのだ
もしそこに愛があれば

一生がひとつのハネムーンになるだろう

（引用文献　OSHO『TAO 永遠の大河　OSHO 老子を語る3』河出書房新社（2014年）437〜449頁）

※※※※※※※※※※※※※※※※※※※※※※

（中略）

愛がひとりの平凡な人に向けて花咲くとき、その平凡な人は非凡な存在となる。愛はすべての人を非凡な存在にしてしまう。

これはひとつの錬金術だ。

ひとりの平凡な女性は、あなたが愛すると、突然変容してしまう。

彼女はもはや平凡ではなくなる。彼女はこの世に存在するもっとも非凡な女性だ。

これはほかの人たちが言うように、あなたが恋で盲目になったからではない。

実際、あなたはすべての平凡さのなかに隠されている「非凡」を見ている。

愛はたったひとつの目、たったひとつの見る力だ。たったひとつの確かさだ。

あなたはひとりの平凡な女性のなかに、女性のすべてを、その過去、現在、未来を、あらゆる女性を合わせたものを見てしまっている。

あなたがひとりの女性を愛しているとき、あなたは彼女のなかに『女性なる魂』を見てとるだろう。

突然彼女は非凡になってしまう。愛はすべての人を非凡なものにしてしまう。

あなたが自分の愛のなかへと深く入っていくと、恐怖がわきおこる。震えがあなたをつかんでしまう。
――それは、愛に深く入っていけば困難があるからだ。
深く入れば自分を失ってしまう。それで愛の深みを避け始める。
愛の深みはちょうど死のようなものだから。
あなたは自分と愛する人との間に壁を創ってしまう。
なぜなら女性は底なしの穴のような存在なので。
それに彼女はあなたを吸いつくしてしまうだろうから。
あなたは女性から逃げてしまう。
彼女に吸いつくされてしまうかもしれない。それで恐怖がある。
女性は子宮だ。底なしの穴だ。
女性はあなたに生命を与えられる。
それなら死はどうだろう。
実際、生命を与えられるものだけが、死をも与えられる。
だから恐怖が在る。女性は危険だ。

とても神秘的だ。

あなたは女性なしでは生きていけない。

けれども女性と一緒にも生きていけない。

あなたは女性からそれほど離れることはできない。

なぜなら、離れれば離れるほど、突然あなたは平凡になってしまうから。

しかし、そんなに近寄ることもできない。近づけば近づくほど、あなたが消えてしまうから。


あらゆる恋愛にはこういった衝突がある。

それで妥協が必要となる……。

そんなに遠くに離れることはできないし、近寄ることもできない。

どこか中途で、自分のバランスを保ちながらたたずんでしまう。

しかしそうなると、愛は深く進むことができない。

愛の深みに到達できるのは、恐怖をすべて落とし、後先なしにジャンプするときだけだ。

ここには危険がある。危険が在るのは確かだ。

――愛はあなたのエゴを殺すのだから。

愛はエゴにとっては毒物だ。

愛はあなたにとっては『生』だ。

けれどもエゴにとっては『死』だ。

人にはジャンプが必要だ。もし相手に対する親しみを増し、相手にどんどん近づいていき、女性の実存に溶けていくならば、彼女はただ非凡な存在となるだけではない。

彼女は『神性なるもの』となるだろう。

彼女は永遠への扉となるのだから。

ひとりの女性に近づけば近づくほど、あなたは感じるだろう――彼女が超越的なものの扉であることを。

そして、同じことが女性が男性へと向かうときにも起こる。
女性は女性で問題を抱えている。
その問題とは、女性が男性に近づけば近づくほど男性が逃げ始めるということだ。
女性が近づくほど男性は恐れる。
近づけば近づくほど男性は逃げ始める。
彼女から離れる千とひとつのいいわけを探して……。
だから女性は待たなければならない。
だが待つとまた問題が生じてくる。
女性がイニシアチブを取らなくなると、それは一見無関心のようだ。
無関心は愛を殺しもする。
無関心ほど愛にとって危険なものはない。
憎しみでもこれよりましだ。
なぜなら、少なくとも憎んでいる人とはある種の関係を持つことができるからだ。愛は憎しみのなかでも生き延びることができる。

しかし無関心のなかではだめだ。

女性はいつもむずかしい状況にある。

女性が自分で進んでなにかをすると男性は逃げ始めてしまう。

進んでなにかをする女性に耐えられる男性はいない。

これは底なしの穴が自分から近づいてくるようなものだ。手遅れにならないうちにあなたは逃げ出す。

（中略）

妥協はあなたが成長するのをけっして許さない。

妥協は計算高さ、ずる賢さだ。

妥協は仕事上のものだ。

愛のものではない。

愛し合うふたりがほんとうにお互いを恐れず、エゴを落とすことをためらわないとき、彼らはお互いのなかへと飛び込むだろう。

そして、深く飛び込めば、ふたりは相手といっしょになってしまう。彼らは実際ひとつになってしまう。このふたりの間の統合が起こるとき、愛は祈りへと変容する。

この統合が起こるとき、突然宗教的な質が愛を訪れる。

（引用　ＯＳＨＯ公式ＨＰ　https://www.osho.com/ja
OSHO Times「愛はすべての人を非凡な存在にしてしまう」より）

※※※※※※※※※※※※※※※※※※※※

生というのは危ういもの、だからこそ美しい……。私たちは傷つくことを恐れる。

私たちの生は生々しいもの。

人は命をかけて人を愛した時に「おとこ」になるのでしょう。命をかけて愛された時に「おんな」になるのでしょう。

そうやって命をかけて危うく生き抜いた人が、あらゆるエゴが削ぎ落とされやっと辿り着けるのが魂の再会なのかもしれない。

「再会」

懐かしい出会いがある
それは魂の再会だ
何千年の時を超え
この星で この国で この時を選んで
寸分の狂い無く出会えた
魂と魂
もはや出会いに理由はいらない
ただ会いたかったんだよ

君に会いたかったんだよ
どれだけの試練を越えてきたか
どれだけの悲しみを見てきたか
今ここで僕は震えてる
喜びに震えてるんだ
言葉さえいらない
一緒に今この時を過ごせる喜び
求めあい 出会った 魂という絆
ここに壁はない
時空を越えた交わり
ありがとう
ありがとうの言霊が
無音で僕ら魂を包んでいた
この星もやがて変わるだろう

喜びで響き合う魂達が
こんなにも集っているのだから…
地球を想う
君を想う
魂の旅路を想う
やっぱり出てくる言葉
地球が好きだ
君が好きだ
温かい世界
またここから響きあおう

by 黒澤直紀

（アメーバブログ「在日宇宙詩人 黒瀬直紀～宇宙から舞い降りたことば達」より引用）

※※※※※※※※※※※※※※※※※※※※※※※

46 命をかけて愛する

怒り、憎しみ、嫉妬、憎悪……。それらすべてが美しいと思えるほどに、それらのすべてを愛せるほどに人を愛したことがあっただろうか……。殺したいと想うくらい人を愛したことがあっただろうか……。真っ白に焼き尽くされるほどに人を愛したことがあっただろうか……。彼と会話を交わした時間はあまりにも少なかった。そんな時間でこれほどまでの愛を感じることが不思議でならなかった。

おとこが命をかけておんなを愛し、おんなが命をかけておとこを愛した時、深いセックスとなって、命を授かるのだろう。不妊治療が難しいのは、排卵日が人を創るわけではないということを見失っているからだろうなと思う。

人は「生きる」ことを忘れてしまったように思う。結婚して、妊娠して、豊かな収入があれば、幸福なのであろうという幻想に飲み込まれて、生きることを忘れたように思う。

今、社会という虚構が崩壊する時、これから人々はその「世界の虚構」から目を覚ますのだろう……。「結婚という制度」や「交際するという約束」から目を覚ました時、人は本当の愛の中にいる。そうしてやっと、本当に地球が癒されるのだろう。

47 蛇のエネルギーを抜く（モルダバイト）

彼との魂の共有でたくさんの真実がわかっていった。まるでそれは、お互いが別の場所にいながらも、共に宇宙の真理のパズルを解く共同作業のようだった。

父の働くクリスタルショップのドュニに急に立ち寄りたくなった。母からもらったペンダントが一体どんな意味を持つのか聞きたくなったからだった。

「そのペンダントはモルダバイトっていうんだ。ツーソンという宝石市場でキキっていう女性から買い取ったんだよ。その石は、隕石の衝撃によって生み出されたものだ。モルダバイトは1500万年前に現在の南ボヘミアン地方に落下した巨大な隕石によってもたらされた。たった1度、その場所で生み出されたものなんだよ。とても希少な石だ。モルダバイトは最古の女神信仰の根拠である『ヴィレンドルフのヴィーナス』の遺跡でも発見されているんだ。この石はあまりにも早い目覚めをもたらすから、とても気をつけて扱わなければならない。地球外から来た石だからね」

「それから……」と父は言って、言葉をつまらせた。

「この石は性エネルギーの浄化の石だとも言われている」

「性エネルギーの浄化？？？」

「そうだ。この社会では性は恥じるもの、そして歪んだものとして湾曲されてしまった。ポルノ思想だ。しかし、セックスはそもそも神と繋がる神聖な行為だったんだ。お前が行った神殿に性器が祀ってあっただろう。今この社会で、それを神聖なものとして堂々と語ることができないのはなぜだと思う?」

「人々の性への意識が歪んでいるから……?」

「そうだ。このモルダバイトは性エネルギーを神聖な場所へと連れ戻してくれるんだ。それが一番人にとって根本的な治療なんだ。だから、病院には蛇がとぐろを巻くようなマークがあるだろう?」

「男女の統合こそが人々を本来の姿へ連れ戻す方法なんだ。それは自分の内側で起こる。パパとママは結婚している間、それに気づけなかった。ママがいなくなって初めて、パパの内側に永遠なる愛があるんだと知ったんだ。ママがいなくなることはパパの魂の計画の中で、予定されていたんだよ。真実の愛に辿り着くために……」

あれだけママに逢いたいと泣いていた父が落ち着きを取り戻したのはいつだったろう。あれから父の眼差しがはっきりと変わったのを感じていた。私の知らない何かを悟ったんだろうとは思っていた。

48 直観と戦慄

ふと椅子に座り、Facebookを開いた瞬間、何かを感じて、その人の写真を拡大すると、彼が写っていた。その彼の写っていた写真を撮った女性がまさに、私が内側で感じていた彼の相手だった。

恐ろしかった。私が内側で感じていたすべては本当だったのだ。彼女の髪の質、肌の柔らかさ、温かさまでも、私は彼の内側で体験していたのだった。

これは宇宙のどんな意図があるのだろうと驚愕した。これすらも宇宙の愛だとしたら？

私はこの体験をどう愛に変えたらいいのだろう。と、苦悩した。

49 彼からのメッセージと感情とのリンク

彼からのメッセージがようやく届いた。

「よくも気づきましたね！　許せない！　私を陥れようとしていますね。私は1日も早くあなたを思考から消去したいのです」

強烈な嫌悪感と怒りが私の中に届いた。メッセージが届く時、その瞬間、こちらの反応に示す彼の反応。

そのすべてが内側の感情とリンクしていた。

すべてが事実無根だった。

これは一体どういう意味なのだろう。何のために、私は彼の魂を共有しているのだろう。何のためにこの現実が起きているんだろう。

ひたすらに私は目を閉じて内側の案内人に尋ねた。この現象をまっすぐ捉えると、愛されていなかったし、騙されただけだと言える。

内側には確かに彼がいる。でも、彼は私を嫌っているようだし、彼女もいる。私は一体どうしたらいいのだろう。

案内人は言った。

彼の言葉ではなく
あなたの内側を感じなさい。
これが世界の幻想から目覚めるということなのです。

目に見えていること
耳に聞こえていることを超えなさい。
彼の愛を
彼の光を信じ抜くのです。
彼の存在が愛であることを信じ抜きなさい。

そして祈りなさい。
彼が愛である本来の姿を取り戻せるように。
祈り続けるのです。
深い愛をもって。

私は彼の愛の姿、本来の姿を信じ続けた。そして彼が愛を取り戻せるように、人を信じる力を取り戻せるように祈り続けた。私の光が届くたびに、彼の苦しみが溶けて、泣いているのがわかった。愛になっていくのがわかった。

もはや、彼とどうこうなるなんてどうでもよかった。1日の大半を彼への祈りを届けることに使った。内側に感じる苦しみを愛に変えていく作業だった。

そうするうちに彼が私を許していくのがわかった。そして、私へのたくさんの誤解が溶けていくのがわかった。彼は私を拒否しながら自分を責めていた。……というよりも自殺した女性と私を重ねて責められていると思い込んでいたのだ。「そもそも許されていて、愛されていた」ということに気づいて彼は少しずつ、心を解放していった。彼の内側にある魂が癒えていくのがわかった。

私たちは言葉を交わさずに許し合っていった。

50 彼の事情と死（消えた彼）

彼は私の内側でよく泣いていた。私のメッセージを読んでは、泣いていた。愛したくても愛せないのだと泣いていた。感情しか感じないので、その事情がわからなかった。ある時から毎朝感じていた彼の愛を感じることが少なくなっていった。

彼が病気に伏せているんだと感じた。

突然、私の知人宛てに彼から電話がかかってきた。そして、こう話した。

「お願いがあります。

どうか彼女から私に連絡をしないで欲しいと伝えてください。

あなたのことなんて愛していません。もう2度と連絡しないでください。

どうか、彼女にそう伝えてください」

知人は「彼女に直接それを言えば彼女はそれを理解すると思います

よ」と言った。

しかし、彼はこう続けた。

「私から彼女に連絡することはできないからお願いしているんです。癌なんですよ。忘れたいんです。

彼女の町に行って彼女の願っていた桜の木を植える約束をしています。それを市長にお願いしてあります。それを私がしたことだとはどうか言わないでください。彼女との約束はもう果たしました。だから、連絡をしないで欲しいと、愛してないと、ただそれだけを伝えてください。

癌であることも、桜の木の話もどうかしないで欲しいんです」

彼は末期癌だったのだ。彼の体に癌は転移していた。とてもとても体調の悪かった日、彼は朝一番で飛行機に乗って私の住む町にやって来た。そして、私に会うことなく、私との約束を守ったのだった。

51 愛は死ねない

自分が末期癌だと知った時、彼は私から消えようとしたのだ。

彼は私への最大の愛として、最悪な男として記憶に残せるよう、最も深く私を傷つけたのだった。その証拠に、彼が去る直前私にこう話していた。

「あなたに何をあげられるかなぁ……」と。

しかし、その彼の策略は成功しなかった。なぜなら、そのあと私たちは魂を共有し、感情を共有し続けたからだ。彼が私を愛している時、それは私の中でありありとした感情として感じられた。彼が別の誰かを愛して幸せを感じている時も同様だった。彼が私への愛を消そうと努力していることも伝わっていた。そして、愛の光を消そうとすることをやめ、溢れる愛に身を委ねることにした。

52 肉体を伴わない愛へ

愛の灯火を消すことをやめても、彼と会うことは叶わなかった。事情は知らないけれど、彼との愛とテレパシーの交流は止まることがなかった。それに降伏するしかなかった。

肉体を持たずとも愛せる幸せがそこにはあった。彼の死を知った私は、愛せるだけで幸せなんだとわかった。

相手の近くに女性がいようとも
相手が借金を抱えていようとも
相手が末期癌であっても
相手がどんな状況であったとしても
変わらぬ愛があった。

変わらない愛にただ降伏するだけ、愛がただ溢れるだけ、無限に溢れる愛に、永遠に溢れ続ける愛に降参するしかなかった。
そしてそれが本当に、嘘偽りのない至福の境地だった……。

53 聖なる出逢いを求めるより抵抗せずに恋に落ちること

「案内人」はこう言った。

聖なる出逢いは
自分の心の現実が、聖なるものになっていくことで
誰かとの出逢いも聖なるものになる。
そして、性が聖なるものに変わるのも
自分の肉体やエネルギーを聖なるものにしていくことによって
「起こる」
だからこそ
聖なる出逢いは求めてはならない。
ただあるがままに一瞬一瞬のこの生命をありのままに生きるの

だ。

究極の真理はとてもシンプルなのだ。

純粋無垢な状態である。

それ以上はない。この愛であることが、外側の男性を求めるあなたを幸せにするということではない。

愛してくれない男性を愛することを勧めているのではない。

愛してくれない男性に意識を向けるより、自分を愛することに集中した方がいい。

自分を傷つける愛など愛ではない。

無条件の愛は、外側の男性を求めるあなたを混乱に導くだろう。

エゴを削ぎ落とされるたびに傷つくだろう。

これはあくまでも、あなたの内側にある愛の純度を高めるために起きている。

その愛の純度の分だけあなたの内側は静かな幸福に満ちていく

……。

54 関係性を超えて一瞬一瞬を生きること

私は内側にあるもう一つの存在にどう対応すべきか迷った。永遠にもう一つの魂があるならもう私は他の誰かを愛することは不可能なのだろうか。

山の中にひっそり暮らす僧侶に会いに行った。僧侶は教えてくれた。

無から有を生み出すのはスピンという運動です。地球では重力というエネルギーが引き金となっています。私たちが物質世界を見ているのは、このスピンによって産まれていますが、このスピンがなくなっ

た瞬間に無（＝愛だけ）があります。

それがつまり一元論と二元論のしくみです。

そもそもこの物質世界を見ている時点で、何らかの二元のエネルギーが生じています。

二元のエネルギーを無効化するには、意識がゼロポイントに達する時です。

これは、例えば、人生において、問題に対して、良いも悪いも意味づけをしないことと非常に良く似ています。

例えば、何も意味づけをしない世界（一元論）を良いとする位置も実はその世界にはいないというのが、一番わかりやすいかなと思います。

完全なるゼロポイントに意識を上昇させることが、すなわち悟りと言われている状態であり、宇宙意識から自分を見下ろすような感覚になります。

そこには物質がないため、この三次元での説明や証明は難しいものです。

ですから、神秘体験のほとんどが妄想だと思われてしまうのですが、実際は、そちらの世界が実質ということになります。

私がマカバという魂の構造を見たという体験はこのゼロポイント

の意識に至ることが可能になり、寝ている時や寝る間際である無意識領域の時になりやすいのです。

これから時代を率いる人々はこのゼロポイントに意識をおける人々であり、物質面での成功をもたらす人々ではありません。社会的成功とは全く関連しません。

完全な自由、溢れんばかりの愛だけの世界が、本来のご自身であることにもう気づいていますか？

このスピン。

男女の愛でも同様のことが言えるようですよ。

三次元の男女の愛＝恋愛には、失いたくない、所有したいという想いが生じます。

これが五次元の愛へと上昇すると、愛せるだけで幸せな世界へと移行します。

スピンが止まって、愛だけが、すべてが愛そのものであること。ただ、ある。

この五次元の愛に、肉体は必要としないのです。

五次元の愛が起こるために、男女は必ず引き裂かれることがありますが、それは、分離という幻想から目覚めるためなのです。

私たちは分離などしていないということを強く知り伝えるため……。

分離という人間が最も恐れを感じる恐れを超え
私たちは本当に一つであるということ……
愛で繋がっているということを……
みんなの魂に強く知らせるため。

たった一人の対象を持った愛。
誰かたった一人のその人と一緒にいたい！　というエゴを超えた時に！
統合が進みます。

そして、分離という幻想から目覚めるのです。

分離という幻想から生まれたあらゆる痛みが消えてなくなります。

陰と陽は存在せず、ただ愛のみが、静寂に広がります。

それが統合です。

では男女が肉体現実で一つになることはできないのかという問いについては、NOとお答えしましょう。そういう意味ではありません。

ただ、そこに期待や思いを馳せていては、五次元の愛へと到達することは叶いません。

方向性のない愛がただ溢れるだけで幸福であるという境地。この境地においては、エゴは消滅し、自我は癒され、まず、自分自身が統合します。

完全に自分自身が癒された者にしかできないことがあります。

それは、生きとし生けるものすべてへの愛です。

人類愛ではなく、生物に対してとかでもなく、本当に……すべてへの愛です。言葉を超えた愛です。

ただそれが溢れる……。

「生きとし生けるものすべてへの愛を持たなきゃ！」とか「人類愛へ向かわなければ！」というコントロールが一切ない自分が

生きとし生けるものすべてへの、ただただそれが溢れる状態へと上昇していきます。

このために恋愛という苦しみの中でたくさんの男女がお互いを投影していくというドラマを生み出してきた。

この男女のスピンが必要だったといえます。

今、この地球はすべての相容れない他者と溶け合うことを許す時が来ています。

この地球での経験は自分自身を、他者を、神を信頼することを学ぶ体験です。

目覚めの瞬間にはその信頼が完全に開きすべてと一つに溶け合い

ます。

私たちはすべてと一つなのだと知り、「所有」という概念から離れていきます。

愛とは、すべての他者性や関係性が溶け去ることなのです。

分離があることによって私たちは分離という幻想から目覚め、すべてと溶け合うことができるのです。

55 私が私に逢えますように

僧侶の話を聞いているうちにある言葉が、頭の中に魂の声が響いた。

「私が私に逢えますように！」という言葉……

「私」が「（もう一人の）私」に逢えますように‼　という感覚……

これは、私と誰か別の人が逢えますように‼　っていう感覚ではなかった。

つまり……

外側に素敵な人を探しても出逢わない。安心を与えてくれる誰かは外側にはいない。誰か助けて！　誰か私を幸せにして！　という心境では逢えない。誰か！　を探しているうちは、男女は統合しないのだと確信した。

そういうのをすべて終えて、自分一人で自分を信じ抜くことができるように、宇宙のレッスンは起きていたのだ。

彼がいなくなったこと。それでも、愛しているという「自分を」ただ信頼すること。その彼が自分の内側にいるということに意味をつけたり理由をつけたり、解釈しようとせずに、それをただ受け容れること。

外側にあるもの……ではなく、内側に感じるそのままを信じること……。

外側をいじってどうこうしようとするのをやめて、内側の意識が世界を創造していることを知ること……。

外見、持っている服、バッグ、時計、地位、名誉、役割、そんなことを磨くことを自分磨きだと思う人もいる。そしてその外側の輝きに好意を持たれることもある。しかしそれが聖なる出逢いを遠ざけている。なぜならば、内なる声に目を向けていないからだ。

「本当の私」をありのまま生きている！　という状態こそが、聖なる出逢いを引き寄せるのだ！

誰かにうける服とか、一般うけする職業とか、振る舞いとか、そういうのを超えるという瞬間がある。社会の虚構から抜け出すということ……。

聖なる出逢いを迎えるためには、他の誰かに好かれるために生きないこと。社会に好かれるために生きないこと。親や親戚や友人に好かれるために生きないこと。

聖なる出逢いを迎えるためには、自分が自分を大好きって言える生き方をしてる！　こと。

もっとありのままでいい。
もういい娘・息子でいるのをやめていい。
もういい彼女・彼氏でいるのをやめていい。
もういい奥さん・いい夫でいることをやめていい。
もういい母親・父親である必要もない。

だって、ありのままのあなたで、すべてから愛されているから……。
いろーーーんなこと、すべて、手放していける。手に握りしめているものが、どんどんなくなっていくことで、愛が真実に近づいていく……。

恐れから、自分をたった一人で信じて立ち上がる。

自分の内側にある愛のみが残る時、外側に求めない純質な愛が、ただある。

そうか！　この体験は、自分で自分を信じるために起きたのだ！　外側でなく、自分一人で、自分の感覚を信頼するため！

相手の反応すらもいらない！　ただ溢れてしまうその愛に、無条件に降伏し委ねよう。その先に起きる現実は幸せにしか導かれないのだから。

56 強烈な嫉妬を超える時、分離を終える(嫉妬)

嫉妬を超えた時に起きるのは、すべてと溶け合うという体感だった。「嫉妬」これほどまでに強烈な感情は他にないのではないだろうか……。彼以外の誰かを愛せる余地もないと思うような出逢いがある時ほど、嫉妬に陥りやすい。それは方向性を持たない無限の愛とは違うものだ。

聖なる出逢いが起きた時、愛はただそこにある。その愛は関係性を超える。ただある愛は相手と円環する。

この中で嫉妬は起こりえない。なぜならば、相手は自分そのものなのだから、相手が慈しみたい人を自分も同じように慈しみたいと感じるのだ。相手が誰といようとも、溢れる愛がそこにある。

すべてと溶け合う前に起きる大きな壁「嫉妬」。

嫉妬を超えるためには、全面的に嫉妬を感じきらなければならない。完全に嫉妬を感じきる。相手を殺してしまうほどの憎しみを感じ、自分を焼き尽くしてしまうほどの痛みを感じきる。その手前で、嫉妬を感じきることなしに、嫉妬を否定することで、嫉妬は消えなくなる。蓋をされ、出口を失い、水面下で燃え続ける。嫉妬を否定せずに、全面的に感じきる。

焼き尽くされるほどに自分に嫉妬を許した時、その時、初めて、相手に嫉妬を許すことができる。相手に嫉妬されることを許した時、自分が嫉妬することを許せる。

全面的に体験しようとして、この命がある。

嫉妬が消えた時、同時に、すべてと溶け合う。この世界と自分との境は消え、すべてと一つになるのだ。私という境もなくなり、消え失せる。私などない場所でただ愛のみがある中に入っていく。

なぜならば、嫉妬を超えるということは、無限の愛の中に入っていくことだからだ。無限の愛の中で分離は生じないからだ。

「嫉妬を超える」というのは、自己犠牲ではない。自分を痛みながら我慢することではない。その我慢すらなくなっている状態が、嫉妬を超える状態で、やせ我慢が嫉妬を超えた状態ではない。

それは、簡単なことではない。

身を焼き尽くされるほどの愛の中に何度も身を投じなければならない。その中で嫉妬に焼き尽くされなければならない。体験をせずに超えることはできない。それほどまでに命をかけて愛することを通らなければ、嫉妬を超えることはできないだろう。意識だけでコントロールすることは叶わない。体験の先にしか存在しない。

嫉妬をなくしたということを言葉にした時点でその体験はなくなる。ただ、それをあえて言葉にするならば、「完全なる明け渡し……」「完全なる信頼」が同時に起きるということ。

愛という危険さの中に、底のない闇の中に、落ちて落ちて、落ちることを許しながら、恐怖を削ぎ落として、恐怖が消え、信頼に変わった時、すべてへの信頼と明け渡しが起こり、委ねるという言葉すら消えてなくなる時に、嫉妬も消える。

嫉妬が消えた女性と付き合いたい男性がいたとしたら、「自分はたくさんの女性とセックスしても嫉妬されない！」と歓んでいるのだとしたら、それはマインドのレベルであり、前述の意識とは全く違うレベルであるために、嫉妬が消えた女性と融合することはないだろう。

すべての役割を手放す覚悟ができた者、危険の中に身を投じる覚悟のできた者に起こる。

嫉妬が消え去った時、初めて、関係性のない愛が可能となる。そこには信頼しか残らない。信頼のみが横たわっている。肉体を求めずとも、確かな愛がある。

関係性のない愛で結ばれた二人は、至上の至福を味わうだろう。

そこに永遠を感じるから、深い深い安心が横たわっているから、深い深い信頼が横たわっているから、深い深いリラックスの中にあるから……。

それは相手を探すことに始まるのではなく、自己を探求することでしか起こらない。

「相手を愛しているという自分を愛しなさい」

相手を外側に愛するのではなく、相手を愛している自分を愛する。

完全なる明け渡しの中で……。

57 瞬間を生きる（瞑想的に生きる）

私たちが潜在的に、愛が継続されたものだと思いたいのは、失う時の痛みがDNAの中に刻まれているからだろう。だから、人は愛を保証したがる。「付き合っている」と、言ってみたり、「結婚している」という約束を求めたり……。しかし、事実、愛の本質は瞬間瞬間に生まれては消え去るサイダーの泡のようなものだ。

そのサイダーの泡を誰か特定の人に向けてのみ溢れさせようとしても、そこにはマインドというエゴがある。マインドはいつもコントロールしたがる。苦しまないように、苦しまないように。

愛を生きるには、瞑想的に生きるしかない。

瞬間、瞬間生まれては消え去るこの生の瞬間を生きるように、瞬間、瞬間生まれては消え去る愛を体験しているということ。
それほどまでに愛は奇跡のような体験なのだ。

彼がいたこと、彼がいなくなったこと、その事実よりももっと大切なことがそこにはあった。

内側にある溢れる愛を生きること。

そこに保証があるか、ないかは、問題ではなかったのだ。私は愛を生きた。それで良かった。それ以上でもそれ以下でもなかった。

その瞬間、瞬間を完璧に生きていたんだ。

58 たった一人で自分である

「案内人」は言った。

彼を愛するのではなく
彼を愛している自分を愛しなさい。
他者というものを愛した時点で分離が生まれ
そこには苦しみという幻想が生まれる。

これがパートナーシップのカラクリだ。

多くのパートナーシップの悩みは「他者」という分離の意識から生じる。
相手ではなく相手という自分自身との対峙がすべての恋愛にお

ける回答なのだ。

59 男女の恋愛を通して投影の世界を終える

恋愛は、相手がいる。
恋愛は、相手を求める。
恋愛は、相手に愛して欲しいと思う。
恋愛は、相手を愛して幸せにしたいと思う。
相手が応えてくれないと悲しくなる。
相手が期待を外れたことをすると苛立つ。

そうして、相手に自分を映し出して、自分を知る体験だ。

恋愛を超えた時、相手を愛している自分を愛している。
恋愛を超えた時、愛されている幸せをただ瞬間感じている。
恋愛を超えた時、相手をコントロールする必要がない。
恋愛を超えた時、ただある瞬間を美しく感じる。
恋愛を超えた時、それは瞬間だ。

相手は内側にある。永遠を保証されたものではなく、ただある。
相手が目に見えても、見えなくても、愛が実在する。

対象を持たない無限の愛の中に、不安はない。孤独はない。不安や恐れというのは、エゴがなければ生じることができない。エゴがあるから、不安になるのだ。もし、恋愛を超えたいのなら、自分というものと向き合うしか、心の現実を聖なるものに近づけることはできないだろう。

60 喪失の痛み（戦争の記憶）人は死なない

私たちの遺伝子には喪失の痛みが刻まれている。おそらくほとんどの人類に戦争の悲しみがＤＮＡに刻まれているだろう。その悲しみは人によって違うかもしれないが、誰もが人を亡くす痛みを、潜在的に覚えている。

亡くなることで、愛する人を失うと、強い喪失感が遺された人間を襲う……。

そうして、失うことでむしろその存在は大きくなる。

みんなきっと永遠を神が約束してくれる聖なる出逢いを探しているのかもしれない。聖なる出逢いを見つけたことにして、神に永遠を保証してもらいたいのかもしれない。でも、永遠を保証してくれる神も、神が刻印を押してくれる誓約書もない。それは外側に探しても見つからないんだ。

逆なんだ。

内側に永遠に溢れる愛があることに気づく。それを思い出すこと……。何があっても溢れる愛がある。どんなことも許して愛せる愛がある。そうして人はエゴを削ぎ落とし、無条件の愛へと辿り着くんだ。

それが男女の恋愛という出逢いの意味なんだ。

最も大切にしていたものを、失うことで、それに気づくんだ。

61 完全なる信頼と明け渡し(生を踊ること)神秘家OSHOの言葉

誰も果たすべき使命(mission)など持ってはいない(中略)
伝道師(missionary)というのは危険な連中だ
彼らは十分すぎるほどの害をなしてきた
あなたは自分自身を成就させねばならないのであって
使命などありはしない
人のことは神にまかせておきなさい
あなたはただ自分自身の実存を成就させればいい
誰かを転向させようなどとしないこと
善行を積もうなどとしないこと
そして、自分には使命があって
ほかのみんなはそれに従わなければいけないなどと思わないこと

世界はそうやって何世紀ものあいだ苦しんできたのだ
無数の伝導師たちが
数えきれないほどの衝突を生み出す
人々をあちこちと小突きまわす
そっとしておきなさい
誰も果たすべき使命など持ってはいない
ところが自我《エゴ》はいつもそういうものを欲しがる（中略）
何百万何千万という動物たちが
使命など持たずに生きている（中略）
しかし人間はエゴイスティックだ
ただ自分自身でいることに気が休まらない
自分のエゴにくっつける何か大使命が欲しい
いいや
使命などありはしない

〈全体〉には何かしらそういうものがあるかもしれないが
個にそんなものはない

だからして、あなたにできる唯一のことは
自分自身でいること
歓びにあふれて自分自身でいることだ
そして、その歓びを通して
あなたは何かを成就する
しかし、あなたがそれを成就するんじゃない
それがあなたを通して成就されるのだ
あなたは〈全体〉の媒介となる
ただし、それは使命ではない（中略）
ただあたり前でいて
あなたは神なのだ（中略）

あらゆる闘争傾向
暴力、攻撃性、恐怖を落としなさい
愛情豊かな、祈りに満ちた、瞑想的な人間であるがいい（中略）
そのあなたの芳香がひろがり
人々に、こういうことも可能なんだ
人間は神聖なんだというヴィジョンを示せるようにするがいい
もっと愛しなさい
もっと歓喜しなさい
もっと祝いなさい
もっと踊りなさい、もっと歌いなさい
あなたにできることはそれしかない（中略）
あなたはただ
自分に与えられた小さな持ち場で自分の生を生きればいいのだ
（中略）

仏陀いわく
つねに、マスターは一艘《そう》の小舟だということを覚えておきなさい
川を渡るのはいい
が、舟を担いで歩かないこと（中略）
そうやって、舟を担いで歩くために
キリストという舟を担いで歩くために
あなた方はキリストではなくキリスト教徒になってしまう（中略）
私を愛するのも
ある日私を捨てるためにほかならない
それも、心底深く愛して（中略）
どんな不平も持たずに捨てられるようにするがいい
それが難しく感じられるのは
あなたが愛を執着という面からしか理解できないからだ
あなたは

愛が深い無執着であることを知らない
あなたは愛を所有としてしか理解できない
愛が最大の自由、非所有であることを知らないのだ（中略）
そして、マスターは捨てられねばならない
マスターとは
ひとつの扉以外の何ものでもないのだ（中略）

老子の教えはとてもたやすい（中略）
しかし、老子を理解するには（中略）
ずばぬけて知性的な心《マインド》を持っているかどうかの問題ではない
それは本当に無垢な心を持っているかどうかという問題なのだ
たやすいことを理解するには無垢が必要だ（中略）
生は生きられるべき神秘であって
解かれるべき問題ではない

これを、あなたの中でごく基本的な理解にするがいい
生はまったく問題などではない
それを楽しみなさい！
その中に歓喜するがいい！
それを生きるのだ！
何でも好きなことをするがいい
だが、どうか
それを解こうとだけはしないこと（中略）

生はある特有な目的でつくられている
それが無目的であること
それが何か解決されるべきものではなくて
生きられるべき、楽しまれるべき何かであるという目的でだ

あなたはそれを祝うことならできる
それを踊ることならできる（中略）

生は、その一切の開放性のもとにそこにある
その中に飛び込むがいい
それと舞い踊るがいい
その中に深く潜行するがいい
それとひとつになるがいい

そして、これがその美しさだ
問題から出発する者たちがけっして解決に至らず
問題から出発しない者たちが
ずっと解決を手にしているということ――
解決しようと試みる者はけっして解決することができず

解決することになど一度も興味を持たなかった者が解決している
（中略）
教育というものの努力はすべて
あなた方の感覚に目隠しをして
あなた方が鈍感になるようにすることにある。
そうすれば、危険はない
退屈すると
あなたは完璧な市民になる
退屈した人間というのは、まったくの善人だ
彼はつねに規則や法に従う
彼は死んでいる
彼は反逆することができない
しかし、生きた人間は
いつも反逆的だ

生は反逆なのだ
死に対する反逆
物質に対する反逆
固まった凍結に対する反逆——
生は流れなのだ（中略）
人々にドラッグを使わざるを得なくするのは社会なのだ
はじめに、人々を鈍感にしておいて（中略）
私は目隠しを落とせと言っているのだ
もし目隠しを落としたならば
どんなドラッグも必要なくなるだろう
そうなったら、あなたは24時間
どんなドラッグもそれ以上追加できないような
深い驚異のうちに生きる
反対に、もし老子のような本当の生を生きている人に

ＬＳＤやアルコールなどを飲ませたら
その人は
自分のハイな状態から引きずりおろされたような気がするだろう
そんなものを受けいれはしない（中略）
その意識に薬物を盛ると
それが低下してしまうから（中略）
人間が、どんなドラッグも与えられないような
より高次の理解と無垢に至らない限り（中略）
法律も続くし、ドラッグも続くだろう（中略）
あなた方は空を飛ぶようにできているのに
牛車になってしまっている
重荷をしょって――
そして、自分の実存の全面的な機能を発揮しない限り
あなたは幸せにはなれない

これがわれわれの言う〈神〉なのだ
自分の実存の全面的な機能に達した人間――（中略）
そういう人こそ神々しい（中略）
自分の感性を発見しなさい（中略）
あなたは
〈全体〉なるものと恋に落ちることができるのだ
そうしたとき、生は単純きわまりない（中略）
道（ＴＡＯ）とは、自然で流れていることを意味する
深い手放し状態の中にいて
生と戦わず
それを許し、受けいれている
川を押し流すのではなく
それがどこへ行くにしても、川とともに漂ってゆく（中略）
生と戦わないこと（中略）

明け渡しなさい。

（引用文献　ＯＳＨＯ『ＴＡＯ 永遠の大河　ＯＳＨＯ 老子を語る４』河出書房新社（２０１４年）１１５～１６９頁）

※※※※※※※※※※※※※※※※※※※※

踊ろう、委ねよう、すべてを受け容れよう、笑おう、泣こう、怒ろう、感じて、ただ感じるままに、すべての感覚を否定せず、受け容れよう。すべてにイエスしていいんだ。私たちは自由な存在だ。

62 求めなくていい。海はコントロール不能。海に漂うだけ

聖なる出逢いを求めて、永住の地を求めて、人々は彷徨っては恋愛し混乱する。

たくさんのパートナーシップのノウハウ、本、セミナー、それに対して、私はこう言おう「そのすべてがいらない」と……。

あなたは、あなたのままでいい。

ただ純粋に、余計なことを考えないで、純粋無垢であること、純質の愛へと回帰していくことだけ目指していればいい。

本質に戻っていくだけで、聖なる出逢いは訪れる。

それは幸運な人に訪れるものでもなく、輝いている人に訪れるものでもなく、美しい人に訪れるものでもなく、純粋無垢に「私」という本質に還った人に訪れる。

私たちは恋愛を通して、そして人生を通して、純質に、真実の愛へ、無限の愛へと戻っているだけなのだ。

63 無限の愛

幸せになる方法とはなんだろう。自分にとって大切なものを見つけて永遠という保証を得ることだろうか。これだけは譲れないものを見つけてそれを得ることだろうか。それとも、それを、諦めることなのだとしたら？　それを手放すことだとしたら？　幸せとは、条件を満たすことではなく、条件を捨てることの先にあるとしたら？

最も恐れていること＝最も大切なものを失うことを体験することで、あなたは中庸へと導かれている。そこには無限の愛が横たわっている。だから、人は欲しいものを諦めるほどに豊かになる。諦めるほどに、満たされていく。すべてが完璧だとわかっていく。深い委ねが訪れる。

最も恐れていることを受け容れる時、片方の道が閉ざされることで、反対側の道が開かれたのだと知る。そして、それを受け容れることで、宇宙における最善が起きているのだということを体感していける。

失うことで気づくんだ。失うことは、ないのだと。
人が死ぬことで気づく。死ぬことは、ないのだと。
形が変わるだけ。
脳の中の捉え方が変わるだけ。

人が最も恐れていること。
それは自分に無限の光があると知ること。

それは、不在という形であなたを満たす。不在という体験であなたを満たす。それは、存在と同じだけの愛をもってあなたに降り注ぐものだ。あなたの決めた、「好き」「愛している」の外側にある、未知なる体験は、あなたを拡大する。あなたの想像力が及ばぬほどに、世界は広大で、愛の定義は深い。

大切なものを失ったのなら
その不在に目一杯満たされよう。
その巨大なる愛に抱かれて、
受け取れないほどの恩寵《おんちょう》に震えよう。

（参考文献　須藤峻『心のことを学ぶほど苦しくなってしまったあなたに伝えたいこと　ヒルクライムからダウンヒルへ』空想社（２０１７年）Ｋｉｎｄｌｅ版）

※※※※※※※※※※※※※※※※※※※※

一緒にいると思っている人たちだって、心も一緒にいるかなんてわからない。肉体も心も一緒にいられる瞬間は奇跡みたいに生まれては消え去っていく。

自分の感覚を見失わないでいれば、あなたがすべてと溶け合った時、とてもシンプルな事実が残る。「ただある」自然で流れていること、深い手放し状態の中にいて、逆らわず、戦わず、それを許し、受け容れている。川を押し流すのではなく、それがどこへ行くにしても、川とともに漂っていく、生と戦わないこと。

明け渡せば、あなたは、一つになれる。

64 エピローグ

彼は私の中からいなくなった。彼の声は聞こえなくなった。

どうして、彼が私の唇に触れた時に、うなだれるようにうつむいたのか、あなたを通して、無条件の愛を学ぶことになると言ったのか。私のことではなく自分を信じなさいと言ったのか。連絡が途絶える前にたくさんの人とセックスをしなさいと言ったのか。

最初から離れることを彼は知っていた。

彼は無条件の愛を学ぶために、私を愛した。私は、無限の愛を学ぶために、彼を愛した。

私と彼を通した投影の法則から抜け出した時、彼はいなくなった。

そして、恋愛を超えた。

伝えられない手紙を書いた。

ずっと私の内側にいたあなたへ……

私は今指先まで光に満ちています。
私はとうとう光の扉を開けることに成功しました。
私は愛を全力で成し遂げました。
限界を超えることを体験し
私はやっと心からあなたが他の人を愛せることを許せました。

あなたは私をとても傷つけました。
でも私もあなたを傷つけました。

私はあなたを許すね。

私とあなたは友達だよね？

そして、はっきりとあなたを手放すことができました。

ありがとう。

その時、私はとうとうすべてと溶け合うことに成功しました。
私は本当にすべてと溶け合いました。

私たちが分離した理由
それはすべてと溶け合いたかったから。

たった1組の男女のためではなく

一番愛したい人とだけでなく
愛していない
自分とは全く違う考えや形の
自分では受け容れたくないと思い込んでいたタイプの人を

自分の中に
溶け合うようにいれて

一つになることを許すために分離し
恋愛するのだと。
だから決して恋愛が悪いことなのではないということ

花や虫や鳥達が
それぞれの形をして

傷つけたり
愛したりしているように
私たちも
こうして
分離することによって
様々なものと
愛し合いたいと想っているのだと
命を奪い合わなければ
生きることが叶わないのは
そういう理由なのだと

真実の相手と想われるパーフェクトな人と離れて
他の人を愛するのも
そういう理由なのだと。

そして
あなたを愛していたのは私の中のリアルでした。
あなたのバイブレーションや感じたこともリアルでした。

でも長い間お互いのマインドと話をしていました。
無限の愛は
すべてがあり
すべてがない場所でした。

何も求めずとも

これほどまでに満たされ
幸福に満ちているのかと
思います。

あなたを愛し、傷つけあったすべてのそれが
どれほどまでに深い神の愛であるか

私はもうわかっているので何も痛くないし怖くありません。
私はとうとう苦しみから本当に卒業することができました。

私のこの偉業を少しは褒めてくれる？笑
やったよ！

もう過去やマインドとのおしゃべりはこれでおしまい。

なんて美しい物語だったんでしょう。

このすべてと溶け合える世界まで来れたのは
あなたが深い闇を私に与え苦悩させてくれたおかげです。

心から感謝します。

ありがとう。

そして本当にさようなら。

65 私たちは一つ

私たちは一つ
すべてと一つ
すべてで一つ
溶け合うために分離してる。

分離することでドラマを体験することができるんだ。
そのドラマの中で
あなたの内側で
闇を光に変えた時

あなたの内側は宇宙の隅々まで響いている。

あなたという小さな一つの命が
愛を体現すると
それは宇宙の隅々まで響くよ。

内側に感じる確かな愛を心の底から信頼し歓喜しよう。

愛しているか、愛されているかということは
肉体がそばにあるかないかということと同じじゃないんだ。

真実は目に見えないんだよ。

愛に入っていけば
愛が深ければ
その体験は痛みも歓びも鮮烈になる。

その彩りの美しさそのものが命の輝き。

分離しながら
私たちは恋愛というドラマを生み出し
闇を光に変えては
二つの命からそれぞれの光を放つ。

その彩りが
地球という一つの舞台で
一つの交響曲となって

瞬間、瞬間生まれては消え去る。

どの瞬間も同じ空がないように
どの瞬間も同じ海がないように
その交響曲もその瞬間の最高の響きを奏でている。
交響曲は「現在」という一小節では成り立たない。
私たちは
部分として存在するのではなく
全体として
完全なもの

私たちは過去未来現在で100パーセントなんだ。

「今」だけであなたの幸福度を決めないで

一つであるという美しいリアルを思い出すために

分離という幻想を体験しているよ。

そして、私たちは目覚める時を迎えている。

恋愛という古いパターンを超える時が来ているんだよ。

愛は、愛する人が誰かを愛することを許せるよ。

愛は、自分が他者と溶け合うことを許せるよ。

それができた時

本当に

すべてと溶け合えるよ。

そして愛せることが

とてつもなく幸福に感じる。

その愛に条件はない。

条件をつけたくなるのは痛みや恐れがあるシグナル。
痛みは恐れや不安があるというシグナル。
恐れや不安はエゴがあるというシグナル。
エゴはマインドという幻想というシグナル。

それに気づいたら
残るのは愛だけ。

愛は、所有を超えているよ。
愛は、痛みはないよ。
愛は、すべてと一つに溶け合える。

私たちは、一つの大きな家族。

おわりに

この本はフィクションです。もし、恋愛に悩む方がこの本を手に取ってくださったのなら、著者としては、この上なく嬉しいことです。

しかし、この本は、恋愛のガイド本でもないし、真実をまとめた本でもありません。あなたの師（guru）は、あなたの中にあります。

愛と真実を探求してきた私から言えることは、どうか、まずご自身を愛することから始めてください。「自分を幸せにすること」「自分軸をもつこと」が一番大切だと思っています。

そのことについては、たくさんの本やブログで語られていますので、この本の中では、あえて触れていません。自分軸がしっかり整った方から次なるステージへ進まれることでしょう！

どうか皆さま良い人生を…！　読んでくださって本当にありがとうございました。

妹尾 留衣

妹尾留衣（せのお・るい）

コーチカウンセラー / MBI 代表講師
2014 年まで理学療法士として医療機関に勤務。第一子妊娠８ヶ月に夫が重大事故に遭い、身体へのアプローチだけでなく、内面をクリアにすることで、現代医学では治らなかったとされる疾患が奇跡的に回復すると知る。それをきっかけに潜在意識のコントロール技術を探求し、コーチカウンセラーとして独立。クライアントの願望を次々に実現していく。
第二子の妊娠の際には、精神世界を旅する体験を通して、人は「真実の愛を思い出すため」に病気や苦しみを経験することを悟る。自身が体験した「瞑想とヨガ哲学」、NLP や LAB プロファイリングなどの技術を組み合わせた独自のカウンセリング技法、Mind Body Integration Course（MBI）講座を開設し、真に魂が癒されるカウンセリング技法を伝えている。

＊ LINE @で情報を発信しています
◎下記ＱＲコードから簡単に登録可能です
◎こちらの LINE @に登録していただいた方には、ブログや、ブログに書けない情報を不定期でお送りしております
◎皆様から妹尾宛にメッセージを送ることも可能です
◎質問やお悩みにもブログを通して回答してまいります
◎ LINE @の登録をしても個人を特定することはできませんのでご安心ください

LINE@

装画・本文イラスト／Hiryu Shima
装丁／冨澤 崇（EBranch）
校正協力／大江奈保子
編集・本文design＆DTP ／小田実紀・阿部由紀子

無限の愛 真実の愛を問う スピリチュアル・ノベル

初版1刷発行 ● 2019年7月19日

著者
妹尾《せのお》 留衣《るい》

発行者
小田 実紀

発行所
株式会社Clover出版
〒162-0843 東京都新宿区市谷田町3-6 THE GATE ICHIGAYA 10階 Tel.03(6279)1912 Fax.03(6279)1913
http://cloverpub.jp

印刷所
日経印刷株式会社

ISBN978-4-908033-30-8 C0011

本書の内容に関するお問い合わせは、info@cloverpub.jp宛にメールでお願い申し上げます